초역

예수의 언어

초역 예수의 언어

김학철 지음

중앙books

그대들은 무엇을 찾고 있나요?

말은 맥락에서 의미가 발생합니다. 그러니 같은 말이라도 맥락이 달라지면 그 의미도 달라지지요. 가령 오랜만에 우연히 길에서 만난 사람이 "밥 먹어요"라고 말하면 그것은 고맙고 반가운 말입니다. 반면 같은 말이라도 강의 중간에 손을 들고 불쑥하면 이 말은 강의하는 사람을 화나게 하지요. 강의가 들을 만하지 않으니 밥이나 먹자는 뜻이니까요.

예수의 말만 모은 초기 기독교 책들이 있습니다. 정경(正經)에는 포함되지 않았지만 『도마복음서』나 『디다케』 등이지요. 또 『마가복음』에는 없고, 『마태복음』과 『누가복음』에 공통으로 나오는 예수의 말씀 자료, 흔히 'Q(자료라는 독일어 Quelle에서 온 것)'라고 부르는 자료가 있었을 것이라고 학자들은 추정합니다. 그러나 지금 정경에 속한 네 복음서인 『마태복음』, 『마가복음』, 『누가복음』, 『요한복음』에서 예수의 말은 대부분 이야기 속에 있습니다. 맥락을 갖는다는 뜻이지요.

예수의 말이 전해지다가 거기에 이야기가 덧붙여졌고, 그것이 복음서에 수록되었는지, 아니면 예수의 말만 있었는데 복음서 저자가 그 말을 중심으로 이야기로 확장했는지는 모를 일입니다. 아니면 예수의 말이 포함된 이야기 전체가 전승되어 복음서에 들어왔을 수도 있습니다. 그 과정은 정확히 알 수 없지만 복음서에 나온 예수의 말은 대부분 이야기 속에 나옵니다. 그러니 이야기에서 예수의 말만을 따로 떼어 번역해달라는 출판사의 제안에 저는 머뭇거렸습니다. 쉽게 수락할 수 없었지요. 그러나 초역(超訳)이라면 상황은 조금 다릅니다. 초역은 원문을 문자적으로 번역하는 것을 목표로 하지 않지요. 그것보다는 말이 속한 이야기 맥락은 물론 역사, 사회, 문화적 맥락을 감안하여 문자를 넘어선 과감한 번역을 의미하니까요.

어떤 사람은 성경과 같은 하느님의 계시를 담은 문서는 문자적으로 번역해야 한다고 주장합니다. 사실 번역하는 사람 입장에서 문자적 번역만큼 간편한 것은 없습니다. 독자가 알든지 모르든지 상관 안 하고 문자적으로 옮기기만 하면 그만이거든요. 그러나 그러한 번역이 무슨 의미가 있는지는 정말 잘 모르겠습니다.

저는 예수 그리스도의 말씀을 초역하였습니다. 단지 한 문장의 말씀이라도 전후 이야기를 감안하면 그것은 한 문단, 아니 한 페이지, 어쩌면 한 권의 책이 될 수도 있겠습니다. 그래서 어떤 것은 짧게, 어떤 것은 불가피하게 길어졌습니다.

제가 한 모임에서 이러한 책을 쓰고 있다고 알리면서 『요한복음』에서 예수가 한 첫 번째 말의 초역을 들려주었습니다. 세례자 요한은 자신이 아니라 예수가 그리스도라고 증언을 했지요. 거기에 서 있던 요한의 제자들 가운데 두 명이 과감히 요한을 떠나 예수를 쫓아갔습니다. 예수는 자신을 따라오는 세례자 요한의 제자들을 보고 "그대들은 무엇을 찾고 있나요?"라고 말합니다. 이것이 『요한복음』에 나오는 예수의 첫말입니다. 저는 그 한 문장을 이렇게 초역하였습니다. "세례자 요한의 제자였던 그대들, 그를 버려두고 나를 따라오는 그대들, 그대들은 무엇을 찾고 있나요? 의식주가 해결되기를 바라나요? 안전을 바라나요? 돈과 명예와 권력을 원하나요? 자기 삶이 실현되기를 바라나요? 그대들은 무엇을 원하나요? 그대들이 나를 따르고자 할 때 그대들 가장 깊은 곳에 있는 그 욕망은 무엇인가요? 각자가 가지고 있는 심연에 놓인 그 욕망은 무엇인가요?"

초역을 들려주자 거기에 계신 한 분이 "미드라쉬(מדרש)군요"라고 응답하셨습니다. 그 말을 듣는 순간 유대인들에게 오래전부터 있었던 성서 주석 방법인 미드라쉬가 초역과 닮았음을 새삼 깨닫게 되었습니다. 미드라쉬는 히브리어 동사 '다라쉬(דרשׁ)'에서 온 말로, '찾다', '연구하다', '해석하다' 등을 뜻합니다. 현재의 삶에 적용할 수 있도록 성서의 의미를 해석하는 것이지요. 가장 오래된 미드라쉬 문헌은 2세기 것이니까 최소한 1,800년 이상 되었습니다.

이 책은 예수가 2,000년 전 팔레스타인 사람들에게 건넨 일상의 조언부터 삶을 건 결단의 요청까지 오늘날 이해할 수 있는 교훈적 의미로 되살리려 하였습니다. 또 이른바 실존적 함의를 드러내려고도 하였습니다. 가끔은 오래전에 읽은 칼릴 지브란의 『예언자』처럼 쓰려고도 해보았습니다. 그러니 독자분에게 이 책을 급하게 '읽어버리지' 않기를 부탁드립니다. 가급적 하루에 하나씩만 읽으면 어떨까 생각해봅니다. 이 책은 정보를 제공하기보다는 성찰의 씨앗을 마련하려는 목적이 큽니다. 잘 알려진 윌리엄 블레이크(William Blake)는 그의 『순수의 노래(Songs of Innocence)』에 실은 「순수의 징조(Auguries of Innocence)」에서 "한 알의 모래에서 세계를 본다"고 하였습니다. 초역한 예수의 한 문장을 곰곰이 곱씹으면 우리의 삶과 세상을 통찰하는 지혜와 더 참되게 살고자 하는 용기가 생기지 않을까 기대해봅니다.

마태, 마가, 누가, 요한 네 복음서에서 예수의 말씀을 초역하여 각각 '마음 고쳐먹기', '생각 다시 하기', '인생 새로 보기'를 주제로 구분하였습니다. 독자 여러분에게 하루에 한 구절을 읽으시라고 권고하면서 특별히 흐름을 만들려고 하지는 않았습니다. 순서대로 읽어나가실 수도 있고, 아니면 각 주제를 옮겨 가면서 독서할 수도 있습니다. 그것은 여러분의 몫입니다. 부디 이 책이 예수 그리스도가 하신 말씀의 일리(一理)를 잘 전달하여 삶의 갈증을 풀어주는 생수가 되기를 바랍니다.

2025년 9월

김학철

차례

프롤로그
그대들은 무엇을 찾고 있나요?

제1장
마음 고쳐먹기 ～～～～～ 15

숨 한 번 크게 쉬고 화해하라 1, 2 · 더 중요한 것을 생각하고, 때로는 단호하라 1, 2 · 맹세를 하지도 믿지도 말라 1, 2 · 보복보다 용기와 지혜로 악에 맞서라 1, 2, 3, 4 · 은밀한 자선의 기쁨 · 은밀한 기도의 기쁨 · 하늘에서처럼 땅에서도 · 쓸데없는 걱정을 하지 말라 · 서로에게 지옥을 만들지 말라 · 황금률 · 단단한 삶을 사는 사람 · 진정하게 살기를 바란다면 1, 2 · 아끼지 않고 씨를 뿌리는 농부 · 보잘것없지 않다 · 사람을 더럽게 하는 것 · 자신을 기꺼이 낮추는 사랑은 힘이 있다 · 기적도 완고한 마음을 움직일 수 없다 · 편의주의와 순응주의를 경계하라 · 영향력은 섬기는 사람에게 있다 · 안과 밖의 경계를 높이 세우지 말라 · 작은 정성도 반드시 보상을 받는다 · 약한 사람을 대하는 윤리 · 혼인과 이혼에 대해서 1, 2 · 어린아이들을 내치지 말라 1, 2 · 그대가 원하는 것이 실제로 무엇인지 알고 있는가? 1, 2 · 모두를 망하게 하는 지도자 · 으뜸가는 가르침 · 때를 점치지 말고 일상을 돌아보라 · 그대의 친구들에게 감사하라 · 호혜 원리를 넘어 · 삶을 올바로 짓기 · 메시아는 무엇을 해야 한다고 생각하는가 · 어리석은 착각, 그의 과거가 아니라 지금 흘리는 눈물을 보라 1, 2 · 옛 시대의 위대한 사람은 새 시대에 가장 작은 자가 된다 · 자신을 낮추는 사랑은 힘이 있다 · 묵음 처리된 신음소리를 듣기 · 예수의 이름으로 자신의 분노를 정당화하지 말라 · 유예 기간 일 년 · 경계를 넘는 따뜻한 마음의 실천 1, 2, 3, 4, 5 · 계산을 하지 못하는 사랑 1, 2 · 사랑 많은 아버지의 기쁨과 슬픔 1, 2, 3, 4, 5, 6, 7 · 하느님과 거래하지 말라 · 빛으로 나오라 · 정말 그것을 원하는가 · 거룩한 낭비 · 나는 혼자가 아니다 · 그대들은 종이 아니라 내 친구이다 · 고통의 절정인 십자가 위에서 사랑을 맺어주기

제2장
생각 다시 하기 ~~~~~~ 127

응원과 지지의 말 1, 2, 3, 4, 5, 6, 7, 8 · 대체할 수 없는 사람들 1, 2 · 진정으로 구해야 할 것들 1, 2, 3 · 먼저 마음을 써야 할 것 · 나의 기준으로 상대방을 평가하지 말라 · 열매와 나무 · 상대의 실수를 고쳐주려 할 때 · 신앙의 본질 1, 2 · 타고난 혈통을 자랑하는 어리석음 · 삶을 바꾸는 것은 기적이 아니라 삶의 자세 · 맥락에 맞게 행하라 · 심판자로 살 것인가 아니면 치유자가 될 것인가 · 전통을 따져 묻다 1, 2, 3 · 새 술은 새 부대에 · 스스로 멸망할 사람들 · 맡겨야만 할 것 · 잘 안다는 생각의 어리석음 · 누가 나의 가족인가 · 인간의 가르침과 하느님의 가르침 1, 2 · 높은 자리를 원하는 당신에게 1, 2 · 무성한 잎,

그러나 열매 없는 나무 · 무성한 잎, 그러나 열매 없는 나무에 대한 심판 · 무성한 잎, 그러나 열매 없는 나무를 넘어서 · 하느님에게 돌려드려야 할 것은 무엇인가? 1, 2 · 기만하는 법률가들과 그들의 희생자 1, 2 · 중요한 것을 덜 중요한 것으로 대체하지 말라 · 남 앞에 나서기 전에 · 메시아가, 구원자가 누구라고 생각하는가 · 비밀이라는 말에 현혹되지 말라 · 새로운 잔치에는 성별의 차별이 없다 1, 2 · 예수 그리스도에게 묻고자 하는 것은 무엇인가? · 삶을 보장하는 것은 재물이 아니다 1, 2 · 비극은 더 큰 죄인에게 일어나는가? · 나는 안온함을 주려 온 것이 아니라 분열을 일으키러 왔다 · 재난을 당한 사람들은 죄를 지어서인가? · 거래가 아니라 선물로 사는 길 1, 2 · 그대는 그대가 무슨 일을 하고 있는지 알고 있는가? · 사람은 신뢰의 대상이 아니다 · 뿌리지 않은 것을 거두기 · 내가 누구인지 말해주는 것 · 사람들에게 인정받는 데에 매몰되지 말라 · 무엇을 위해 배우는가 1, 2 · 진리와 자유 · 해명할 수 없는 고통을 마주할 때 · 참된 지도자의 자세 · 눈앞에 두고 깨닫지 못함 · 껍질이 부서져야 할 때 · 사람에게 실망하지 말라 · 호언장담의 헛됨 · 떠남의 유익 · 하느님을 위한다는 착각 · 확인하고 믿으려는 도마를 수용하다 · 지난 잘못에 얽매이지 말라

제3장
인생 새로 보기 ~~~~~~~~ 233

인간은 먹기 위해서만 살지 않는다 · 안전이 보장되지 않아도 가야 할 길이 있다 · 목적과 수단을 분리할 수 없다 · 온전한 사람이 되라 1, 2 · 우주는 부모

님의 집이다 · 그대의 진주와 보물을 소중히 생각하라 · 생명으로 가는 좁은 문 · 진정한 삶을 향한 용기 1, 2 · 공허와 갈피를 못 잡는 삶에 닥칠 비극 · 자신이 있어야 할 곳 · 시기를 판단하고, 삶의 형식을 바꾸라 · 사람을 건져내라 · 혐오를 받았던 그대도 다시 살아갈 수 있다 · 삶의 목적을 다시 조정하라 · 악마의 칭찬을 원하지 않는다 · 예수가 하려던 것 1, 2, 3 · 악마를 내쫓다 · 남의 일이 아니라 그대들의 일이다 · 참된 인생에서 고난은 불가피하다 회피하지 말라 · 사랑과 희생이 없는 삶이란 없다 · 부서지지 않고 갈 수 있는 삶이란 없다 · 참된 삶을 위한 성공한 부자의 실패 1, 2, 3, 4, 5, 6 · 가장 귀중한 것을 얻기 위해 그보다 덜 중요한 것을 버려야 한다 · 영원한 생명을 누리는 예수의 제자들 1, 2, 3 · 다시 보고 다시 살 수 있다 1, 2 · 완전히 새로운 삶의 질서가 온다 1, 2 · 그대가 가장 원하는 것이 무엇인지 찬찬히 살펴보라 · 시몬 베드로를 부르다 1, 2 · 하늘의 복을 받는 사람들 1, 2, 3 · 재앙이 내릴 사람들 1, 2, 3, 4 · 장단 맞출 필요 없다 · 그대의 배에는 메시아가 있는가? · 예수와 일흔두 명의 기쁨 1, 2 · 정당한 것이라면 당당하라 · 겁먹지도 주눅 들지도 말고 여우에게 맞서기 · 부자와 나사로의 엇갈리는 운명 1, 2, 3, 4 · 위로부터 새로 태어난다는 것 1, 2, 3 · 사마리아 여인과의 대화 1, 2, 3, 4, 5 · 생명의 빵 · 삶에 힘을 주는 음식 · 사랑으로 묶인 관계 1, 2, 3, 4 · 지배를 받지 않는 길 · 고통이 변하여 기쁨으로 · 영원한 생명 · 실패가 아니다 다 이루었다 · 삶의 행방에 관하여 · 자신의 삶을 돌보라 · 예수의 평화

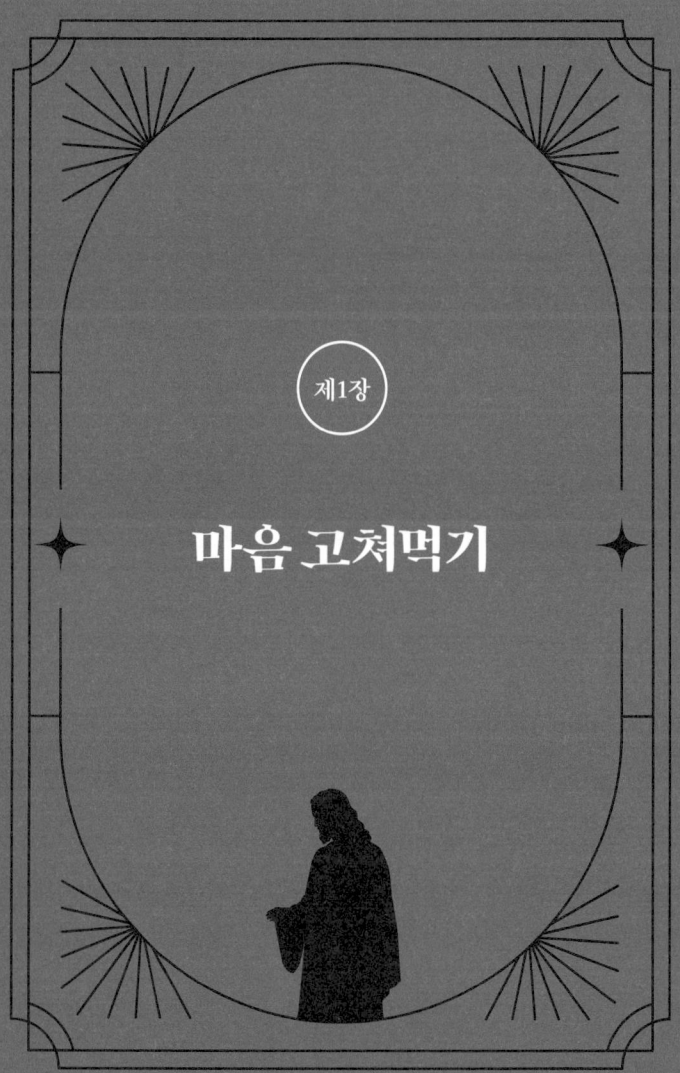

제1장

마음 고쳐먹기

001

숨 한 번 크게 쉬고 화해하라 1

여러분은 옛사람들로부터 이런 말을 들었을 겁니다.
"살인하지 말라. 살인하는 사람은 재판을 받게 될 것이다."

그러나 나는 여러분에게 말합니다.
뜻을 같이하는 동지들에게 화를 내는 사람은
누군가가 했는지도 모르는 고발을 당해서 재판을 받게 됩니다.
화라는 불씨가 공동체라는 숲을 태우게 되거든요.
뜻을 같이 나눈 사람에게 바보라고 말하는 사람도
권력의 손아귀에 붙들려가게 될 것입니다.
서로의 사정을 잘 아는 처지에서
다른 이를 경멸하는 태도로 대한다면,
결국 서로가 서로를 밀고하지 않겠습니까.

- 마태복음 5:21-24

002

숨 한 번 크게 쉬고 화해하라 2

동지를 향해 멍청이라고 말하는 이들은 지옥 불에 끌려가게 됩니다. 그렇지 않겠습니까? 동지를 무시하고 우습게 보는 행동의 결과가 지옥이 아니면 무엇일까요?

그래서 나는 이렇게까지 여러분에게 말하려고 합니다.
만약 그대가 제단에 제물을 드리다가 동지들이 그대를 못마땅하게 여길 일이 기억나면, 제물을 제단 앞에 놓아두고 먼저 가서 그대의 동지들과 화해하십시오. 그 후에 제물을 드리세요.

하느님께 드리는 제물은 하느님과 화해를 요청하기 위해서인데, 동지들끼리도 화해를 요청하지 못하면서 어떻게 하느님께 나아가서 화해를 청하겠습니까?

- 마태복음 5:21-24

003

더 중요한 것을 생각하고, 때로는 단호하라 1

눈은 우리에게 너무나 중요한 기관이지요.

그러나 한쪽 눈이 썩어들어가는데도

그것이 중요하고 아깝다고 여겨서 그대로 놓아두면

결국 온몸이 썩어들게 됩니다.

그럴 때는 과감히 그 눈을 뽑아야 하지요.

중요한 일부이지만, 그것이 신체 전부보다 중요하지는 않지요.

- 마태복음 5:29-30

004

더 중요한 것을 생각하고, 때로는 단호하라 2

그대의 오른손이 그대를 죄짓게 한다면
그것을 잘라 던져버리는 편이 낫습니다.
그대가 중요하다고 아끼는 무엇이
여러분을 지옥과 같은 곳으로 이끌어갈 때가 있습니다.
이처럼 때로는 지혜롭게 단호해야 할 때가 있습니다.
고름이 살이 되지는 않습니다.

- 마태복음 5:29-30

005

맹세를 하지도 믿지도 말라 1

호언장담이나 맹세는 참으로 부질없습니다.
누군가 여러분에게 '반드시', '꼭', '목숨을 걸고'라고 말하며 신뢰와 확신을 주려고 해도, 그 진심이야 의심할 필요는 없지만 믿지는 마세요.
그가 아무리 진심이어도 당신의 삶과 그 사람 자신의 삶을 통제할 능력이 있을 리 없습니다. 맹세하고 밖으로 나가다가 바로 사고를 당할 수 있고, 기억을 상실하는 병에 걸릴 수도 있습니다.

누군가의 맹세를 냉소할 필요도 없고,
그것을 신뢰할 이유도 없습니다.

- 마태복음 5:33-37

006

맹세를 하지도 믿지도 말라 2

맹세나 호언장담의 정서나 자세를 갖지 않도록 하세요.
그저 솔직 담백하게 그런 것에는 '예'라고,
아닌 것에는 '아니요'라고만 하세요.
어떤 이들은 그대들에게 맹세를 하라고 하고,
어떤 이들은 그 맹세로 여러분을 옭아매려고 합니다.
그런 사람들은 악한 사람들입니다.
그들을 멀리하세요.
여러분도 맹세가 허튼짓이라는 사실을 꼭 기억하세요.

- 마태복음 5:33-37

007

보복보다 용기와 지혜로 악에 맞서라 1

여러분은 '눈에는 눈으로, 이에는 이로'라는 말을 들었습니다.
이것은 복수를 하라는 뜻이 아니라
당한 만큼만 돌려주라는 복수 제한법이지요.
그러나 이 법의 취지가 실현된 적은 드뭅니다.
인간은 자신이 당한 것보다 훨씬 더 크게 복수를 하니까요.
그러나 여러분, 악에 폭력적으로 대응하면
결국 폭력의 악순환만이 남습니다.

진심으로 여러분에게 말합니다.
악한 사람에게 폭력적으로 맞서지 마십시오.

- 마태복음 5:38-42

008

보복보다 용기와 지혜로 악에 맞서라 2

폭력적으로 여러분을 억누르는 사람에게 이렇게 대응하면 어떨까요? 만약 그대가 신분이 낮다고 그대를 조롱하고 우습게 보는 사람이 있다고 칩시다. 주인이 오른 손등으로 '네 주제와 신분을 알라'는 뜻으로 종의 오른뺨을 치듯, 여러분을 공개적으로 모욕하는 사람이 있지요.

여러분, 폭력적으로 대들지 마세요.
도리어 '너의 모독에도 나의 존엄은 손상되지 않았다'라는 듯이 말하고 행동하세요.
그들은 여러분의 위엄 있는 모습에 당황하고 말 겁니다.

- 마태복음 5:38-42

| **009**

보복보다 용기와 지혜로 악에 맞서라 3

그대가 가난하다고 수치를 주고자 하는 이들에게, 그대의 가난을 빌미로 그대가 가진 모든 것을 앗아가려는 악마 같은 사람에게 폭력적으로 대응하지 마세요.

대신 가난을 빌미로 다른 사람의 존엄과 생존을 짓밟아버리는 이들이 얼마나 수치스러운 사람인지를 드러내는 용기 있는 비폭력적 묘안을 고안해내세요.

그대가 가난하다고 그대의 품위를 다른 사람이 함부로 하지 못하도록 하세요. 가난과 부유함이 한 사람의 본질적인 가치가 아님을 떳떳하게 보여주세요.

- 마태복음 5:38-42

010

보복보다 용기와 지혜로 악에 맞서라 4

그대가 권력도 지위도 없다고
그대를 함부로 부려먹으려는 사람들,
그대를 자신의 편의를 위한 도구인 양 악용하고자 하는
악한 사람들에게 주눅 들지 마세요.
그들은 악한 로마 군인처럼 법을 들먹이며
여러분을 강제 징발하여 짐을 지고 가라고 합니다.
자기 짐을 남에게 떠맡기는 거지요.

그럴 때에도 폭력적으로 복수하기보다는
그들이 가진 권력의 한계를 드러내는,
과감하지만 품위 있는 방식으로 대응하세요.

권력 앞에 주눅 들지 마세요.
그들이 여러분을 맘대로 부리고자 할 때에도
여러분의 존엄을 지키고 늘 당당하세요.
폭력이 아니라 지혜와 용기로 악에 맞서세요.

- 마태복음 5:38-42

011

은밀한 자선의 기쁨

여러분은 다른 사람에게 보이려고
사람들 앞에서 정의로운 행동을 하지 않도록 주의하세요.

특히 자선을 베풀 때,
사람들에게서 칭찬을 받으려고 하지 마세요.
위선자들이 사람들 많이 모인 곳에서 자선을 할 때
여러분은 얼마나 언짢았습니까?
그 위선자는 자선을 하면서 가난한 사람이 아니라
결국 자기를 돕는 것이니까요.

내가 마음을 다해 말합니다.

그들은 보상을 이미 받은 셈입니다.

그대가 어려운 사람을 돕고자 할 때 그대는 은밀히 하세요.

오른손이 하는 일을 왼손이 모를 정도로요.

그러면 은밀하게 보시는 그대의 아버지 하느님이 갚으십니다.

은밀한 자선은 내밀하지만

가장 기쁘고 보람 있는 결과를 낳습니다.

- 마태복음 6:1-4

012

은밀한 기도의 기쁨

기도할 때에는
그대의 골방으로 들어가 그 문을 닫고
은밀하게 계시는 그대의 아버지에게 기도하십시오.
가장 은밀한 내면을 은밀하게 보시는 아버지께서
그대에게 가장 적절한 것으로 응답하실 겁니다.

어리석은 사람들은 하느님이 주문과 같은 말에
꼼짝없이 말려들 것이라고 착각합니다.
하느님이 바보인 줄 알고 온갖 미사여구를 써서 기도하지만,
하느님은 기도하는 사람의 속마음을 꿰뚫어보시지요.
심지어 우리가 A를 달라고 해도,
하느님은 우리에게 필요한 것이 A가 아니라 B임을
알고 계시기도 하지요.

그대 자신의 내면을 찬찬히 살펴보고
하느님 앞에 서는 기도의 시간을
하느님과 흥정하는 시간으로,
남에게 자신의 경건을 뽐내는 시간으로 바꾸지 마세요.

- 마태복음 6-8

013

하늘에서처럼 땅에서도

하느님,
뜻하신 바가 하늘에서는 온전히 실현되었다고 들었습니다.
하느님,
이 땅도 돌아보시지요.
이 땅은 혼돈과 허무, 죽음과 공포가 가득합니다.
그러니 이 땅에서도 하늘에서 이루어진 것 같은
사랑과 정의, 평화와 기쁨이 실현되기를 바랍니다.
그것이 우리의 기도입니다.
나의, 우리의 이기적이고 게걸스러운 욕망을 다듬어주세요.
하느님의 뜻이 분명해지는 세상에서 살고 싶습니다.

- 마태복음 6:9b-10

014

쓸데없는 걱정을 하지 말라

여러분, 내일 어떤 일이 벌어질지 걱정하며
안절부절하지 마세요.
내일 걱정은 내일더러 하라고 하세요.
오늘 우리가 겪은 괴로움만으로도 충분합니다.

오늘의 괴로움은 오늘의 것으로 하고,
내일의 괴로움을 오늘 미리 당겨 할 필요가 없지 않은가요?

- 마태복음 6:34

015

서로에게 지옥을 만들지 말라

다른 사람의 삶과 생각을 다 알고 있다는 듯
심판자 노릇을 하지 마세요.
어떻게 다른 사람의 처지와 형편을 다 압니까?
나도 내 마음을 모르는데, 남의 마음을 어떻게 다 아나요?
나는 복잡한 이유에서 어쩔 수 없이 그러한 행동을 한 것이고,
다른 사람은 단순한 욕심과 무지에서 죄를 저지른 것인가요?

여러분이 다른 사람을 그렇게 대하면
다른 사람도 그대에게 심판자 노릇을 하려 할 겁니다.
그러니 서로에게 지옥을 만들며 살아가지 맙시다.

- 마태복음 7:1-2a

016

황금률

남들이 여러분에게 해주기를 바라는 그것을
여러분이 다른 사람에게 해주세요.
이것이 하느님 뜻의 핵심에 놓인 겁니다.
사람이 사람답게 사는 길입니다.

- 마태복음 7:12

017

단단한 삶을 사는 사람

진리와 지식을 안다는 것은 무엇일까요?
그것은 듣고 마는 사람이 아니라 그것대로 사는 사람이지요.
이런 사람은 단단한 기초 위에 인생이라는 집을 짓는 겁니다.
그 집에 비가 내리고 큰물이 들이치고 바람이 불어도
기초가 튼튼한 집이 무너질 리가 없지요.

그러나 듣기만 하고, 그대로 살지 않는 사람은
자기 인생이라는 집을 모래 위에 짓는 것이지요.
그 집에 비가 내리고 큰물이 들이치고 바람이 불면
그 집은 무너지고 맙니다.

듣기보다 사는 것이 우리의 삶을 결정하지요.

- 마태복음 7:24-27

018

진정하게 살기를 바란다면 1

나를 따라오려고 결심했다면 이것을 잊지 마십시오.
이제부터 그대가 가졌던 이전의 가치관과 생활습관을
완전히 달리하십시오.
다른 사람 눈에는 어리석어 보이며
때로는 큰 헌신과 고통스러운 희생이 필요합니다.
각자 달성해야 할 사명을 분명히 자각하고
나를 따르는 겁니다.
초점 흐린 눈빛과 어슬렁거리는 발걸음으로는
진정한 삶을 살 수가 없습니다.
누구든지 자신이 살던 어리석은 방식대로 계속 살면서
삶을 새롭게 하고, 또 구원할 수 있으리라 생각하지 마세요.

- 마태복음 16:24-26

019

진정하게 살기를 바란다면 2

통념에 찌든 사람들은 여러분이
어리석게 인생을 허비하며 망치고 있다고 보겠지요.
그러나 참삶은 고정관념에 찌든 사람의 눈에 보이지 않습니다.
어떤 사람이 기존 세상이 주는 모든 가치를 얻는다고 합시다.
하지만 그 가치가 실제로 진정한 삶하고 거리가 있는 것이라면
그가 얻는 것이 무엇이겠습니까?

예를 들어보겠습니다.
누군가 우리가 지금 사막을 걷고 있으니
물을 최고로 여기라고 가르친다고 합시다.
그러나 실제로는 이곳이 사막이 아니고
강 위에 배를 타고 있는 거라면
우리는 물에 목숨을 걸 이유가 없습니다.

눈을 뜨고 다시 보세요.
우리 목숨이 걸린 것이 무엇인지를요.

- 마태복음 16:24-26

020

아끼지 않고 씨를 뿌리는 농부

농사를 짓는 사람이 수확을 바라고 씨를 뿌리러 나갔습니다. 그는 땅을 가리지 않고 씨를 뿌렸지요. 남들은 가려 뿌리라고 하였지만 그는 씨를 아끼지 않았어요. 어떤 씨는 길가에 떨어졌습니다. 그러자 새들이 와서 그 씨들을 쪼아 먹어버렸어요. 그러나 그는 실망하지 않았습니다. 새들도 원망하지 않았지요. 그가 뿌린 씨는 돌밭에도 떨어졌습니다. 땅이 깊지 않았으나 싹이 났습니다. 그러나 뜨겁게 해가 뜨자 씨는 타들어갔고 뿌리가 없으니 말라버렸습니다. 하지만 농부는 체념하지 않았습니다. 그가 뿌린 씨는 또 가시덤불에서 자라나기도 했습니다. 그러나 가시덤불이 씨가 숨 쉬는 것을 방해했고, 열매를 맺지 못하게 됐습니다. 그래도 그는 절망하지 않았습니다. 그가 뿌린 씨 가운데 좋은 땅에 떨어진 씨도 있었습니다. 그것들은 싹이 났고, 열매를 맺었습니다. 대충 세어 봐도 한 씨는 30배, 다른 씨는 60배, 저 멀리 떨어진 씨는 100배나 열매를 맺었습니다. 아끼지 않고 씨를 뿌린 농부의 희망이 이루어졌지요.

그러니 아끼지 맙시다.

실망하지도 맙시다.

반드시 열매를 거둡니다.

- 마가복음 4:3-9

021

보잘것없지 않다

여러분, 하느님의 나라는 무엇과 같을까요?
그것은 밭에 겨자씨를 심는 것과 같아요.
이 말을 들으면 의아하지요?
겨자씨는 작고, 굳이 밭에 뿌리지 않아도
여기저기서 잘 자라고, 도리어 밭에서 겨자가 크면
뽑아버리기까지 하니까요.

하느님의 나라는
누군가에게는 겨자씨처럼 아주 작고,
누군가에게는 성가시고 쓸모없는 식물이지만
그것이 자라면 온갖 풀보다 더 크고,
가지들도 크게 뻗지요.
그렇게 되면 하늘을 날던 새가 지칠 때
그 그늘에 깃들어 쉴 수도 있게 됩니다.

하느님의 나라도 이와 같습니다.
누군가 우리에게 우리가 뿌리는 씨는 보잘것없이 작고,
누구도 그것을 중요하게 여기지 않는다고 타박하겠지요.

그러나 우리가 뿌린 겨자씨는 높이 자라 큰 가지를 뻗어,
누군가에게 그늘이 되어줍니다.
그러니 우리가 하는 일을 보잘것없다고 여기지 맙시다.
누군가의 그늘을 만들어줄 수 있습니다.

- 마가복음 4:30-32

022
사람을 더럽게 하는 것

법률가들은 사람이 하느님 앞에서 정결해야 한다고 가르치지요.
맞습니다. 불결한 사람이 하느님과 함께 있을 수 없지요.
그런데 무엇이 사람을 더럽게 하지요?
법률가들은 사람을 더럽게 하는 음식이 있다고 말합니다.
그러나 돼지고기를 먹는다고 사람이 더러워지지는 않습니다.
먹고 배설하는 것뿐이지요.

하느님 앞에서 불결한 사람은
무엇을 먹고, 무엇을 먹지 말고에 달려 있지 않아요.
그 마음이 그것을 결정합니다!
부적절한 성관계, 도둑질, 살인, 탐욕, 사기 행각,
무절제, 질투와 시기, 하느님을 향한 모독적인 말,
교만, 사리 분별을 못하는 어리석음 등이 마음에 가득 차면
그것이 사람을 더럽게 합니다.

이것들이 마음과 몸에 밴 사람이

하느님과 더불어 지낼 수 없는 더러운 사람입니다.

사람들을 오도하지 마세요.

- 마가복음 7:14-23

023

자신을 기꺼이 낮추는 사랑은 힘이 있다

항구도시 티레로 간 것은 그곳에서 잠시 쉬기를 바랐기 때문입니다. 그러나 사람들이 알아버렸고 악한 영에 시달리는 딸을 둔 그대가 왔지요. 그대는 내 발 앞에 엎드려 딸을 고쳐달라고 간청합니다. 그대는 그리스 사람이고, 시리아 페니키아 출신이지요. 나는 처음에 그대에게 박절하게 대했어요. 당시 내가 살았던 갈릴래아 사람들이 티레에 사는 사람들을 비난하는 말을 그대로 썼지요. 그대가 악한 영을 딸에게서 쫓아내달라기에 "나는 하느님의 백성을 먼저 배불리 먹여야 해요. 누가 자식이 먹을 빵을 강아지들에게 던져 주나요?"라고 했으니까요. 잘못된 말이지요.

그러나 그대는 그런 모욕을 당해도 돌아서지 않았어요. 그것은 딸을 향한 사랑 때문이었지요. 그대는 말했습니다. "자녀들이 먹고 남은 부스러기가 있으면 제 딸을 돌봐주십시오. 강아지도 주인 밥상에서 떨어진 것을 먹지 않습니까."

나는 그대의 마음을 잘 알고 있어요. 사랑하기 때문에 자신을 기꺼이 낮출 수 있는 그 마음을요. 마음 편히 가세요. 그대의 딸에게서 그 악한 영이 쫓겨갔습니다. 딸과 행복하세요. 더 크게 사랑하세요.

- 마가복음 7:24-30

024

기적도 완고한 마음을 움직일 수 없다

바리새파 사람들, 당신들은 참 끈질기게 나를 비난하고 곤경에 몰아넣으려고 안달이 난 모양입니다. 자꾸 나에게 하늘에서 직접 나오는 것이 명백한 증거를 내놓으라고 하는데, 내가 그간 일으킨 기적을 보지도 듣지도 못했단 말이오. 악마를 쫓아내고, 하느님의 말씀을 가르친 것을 보고 듣고도 깨닫지 못했소? 어떻게 더 하늘로부터 오는 증표를 내놓으라고 성화요?

내가 마음을 다해 말하는데, 깊은 탄식 속에서 단언하는데 그대들은 아무리 큰 기적을 보여주고 들려주어도 여전히 부족하다고 말할 것이오. 어떤 기적도 완고한 마음을 돌이킬 수 없으니까요.

그대들이 해야 할 일은 내게 하늘에서 오는 명백한 표적을 요구하는 것이 아니라 완고한 마음을 돌이키는 것이오.

- 마가복음 8:11-13

025

편의주의와 순응주의를 경계하라

제자인 여러분에게 단단히 일러줍니다.
사람의 구체적인 사정에 아랑곳없이 법이 이렇게 말했으니
이렇게 하는 것이 마땅하다는 법 편의주의를 경계하세요.
또 여러분은 손해를 보지 않고 말썽이 나지 않으려면
권력자의 말을 듣는 게 좋다는 순응주의도 경계하세요.

정의와 자비가 아니라
법과 권력에 쉽게 기대고 의지하다가는 우리 삶을 망칩니다.

- 마가복음 8:15

026

영향력은 섬기는 사람에게 있다

가버나움으로 들어가는 길에 여러분은 무슨 얘기를 두고 그렇게 말다툼을 했나요? 언뜻 들어보니 누가 여러분 가운데 큰 권력을 가지고 있는지를 두고 논쟁을 하는 것 같더군요.

여러분은 최고 권력자가 되고 싶으신가요?
그것을 원한다면 앞이 아니라 맨 뒤로 가세요.
그곳에 가면 앞에서는 보이지 않는 할 일들이 보입니다.
뒤처진 사람, 넘어진 사람, 실패한 사람이 보입니다.
그 사람들을 도우세요.
그렇게 섬기는 사람이 가장 큰 영향력이 있는 사람이 됩니다.

자, 여기 어린이 한 명을 여러분 앞에 데리고 왔습니다.

보세요.

제가 이 아이를 팔로 안을 수 있을 정도로 작고 여립니다.

권력을 갖고 싶으세요?

그러면 이렇게 작고 여린 사람을 사랑과 정의로 맞아들이세요.

- 마가복음 9:33-36

027

안과 밖의 경계를 높이 세우지 말라

어떤 사람이 내 이름을 사용하여 악한 영들을 내쫓는 것을 보았다고 요한이 내게 말해주었습니다. 그러면서 우리와 함께하는 제자도 아닌 사람이 내 이름을 허락 없이 사용하는 것을 막으려고 했다고 합니다.

그러나 여러분, 내 이름을 사용하면서 악한 영을 내쫓는 그 사람의 행동을 중단하려 하지 마세요. 내 이름이 가져오는 힘을 사용하면서 곧바로 나를 비난할 수는 없지 않습니까?

우리의 길을 막지 않으려는 사람은 우리 편이라고 할 수 있습니다.
우리를 방해하지 않는 사람은 우리 편입니다.
왜 경계를 높이 세우고, 우리와 그들을 나누고,
함께 나눌 수 있는 것도 나누려 하지 않나요?

- 마가복음 9:38-40

028

작은 정성도 반드시 보상을 받는다

누군가 그대들이 그리스도를 따르는 사람이니
물을 한 컵 대접했다고 합시다.
내가 마음을 다해 여러분에게 말합니다.
그렇게 하는 사람은 보상을 받을 겁니다.

선한 일을 하는 사람을 도우려는 행동은
비록 그것이 작은 것이라 할지라도 보람 있기 마련입니다.
그러니 그대들도 작은 것이라 부끄럽다고 생각하지 말고
서로 돕고 베푸세요.

- 마가복음 9:41

029

약한 사람을 대하는 윤리

우리 가운데 약하여 흔들리는 사람이 있다고 합시다.
어떤 사람이 그를 가르친다는 명목으로 몰아세우고, 자신의 뛰어남을 과시하려는 의도로 그에게 어떤 일을 같이 하자고 강요하고, 자신을 대신해서 힘들고 어려운 일을 그에게 떠맡기려 하는 일이 있다면, 단단히 기억해두어야 합니다.
만약 이런 일이 발생했고, 그 약한 사람이 좌절해서 더는 공동체에 머물지 못하면 그런 일을 저지른 사람은 차라리 나귀가 돌리는 큰 맷돌을 자기 목에 매달고 바다에 몸을 던지는 것이 더 나은 선택입니다.

한 공동체의 수준은

그곳에서 약한 사람이 어떤 대우를 받느냐에 달려 있습니다.

한 사람의 됨됨이는

약한 사람을 대하는 자세에서 드러납니다.

그대의 표정, 몸짓, 말 한마디에 흔들릴 수 있는 사람에게

함부로 하지 마세요.

하느님도 여러분을 그렇게 대하시잖아요.

- 마가복음 9:42

030

혼인과 이혼에 대해서 1

바리새파 여러분, 그대들 사이에서 이혼에 대해서 논쟁이 심한 것을 알고 있어요. 한 유명한 랍비는 배우자의 부정한 행동 외에는 이혼이 안 된다고 하고, 다른 랍비는 '접시를 깬 것으로도 이혼은 성립될 수 있다'고 가르쳤지요. 갑론을박하면서 내게 부부가 이혼을 해도 되냐고 묻는군요. 그대들이 받들어 모시는 모세는 무엇이라고 했나요? "이혼 증서를 써 주고 갈라서라"라고 했다고요? 혼인과 이혼에 관한 모세의 여러 말 중에 그대들은 그 말을 내게 알려줍니다. 모세가 쓴 것으로 간주되는 다섯 권의 중요한 경전인 '모세 오경'에 속한 혼인과 이혼에 관한 말 중에 왜 하필 그대들은 이혼을 허락한 말을 골랐나요?

그대들이 굳이 여러 말 중에 그 구절을 선택한 이유를 깊이 되돌아보세요. 그대들이 이혼을 하고 싶으면 그저 "나 이혼하고 싶어"라고 하세요. 하느님의 말씀을 자기가 하고 싶은 일에 끌어 쓰면서 하느님이 허락한 것이라고 우기지 말고요.

- 마가복음 10:1-12

031

혼인과 이혼에 대해서 2

모세가 이혼을 '허락'했다면서 혼인과 이혼에 관해서 말을 하니 처음부터 단추를 잘못 끼운 것이죠. 하느님은 두 사람이 한 몸이 되는 아름다운 관계 속에서 서로 다듬어지고 풍성해진다고 알려주셨습니다.

그런데 여러분은 혼인의 근본을 생각하기보다는 남편이 아내하고 이혼하는 것이 '허락'되었으니 그 허락의 조건이 무엇인지 묻고만 있습니다. 그러니 '둘이 하나가 되는' 아름다운 비밀을 알 길이 없지요.

혼인을, 서로에게 짝이 됨을, 둘이 하나 됨을,
그 관계의 기쁨과 다채로움을 먼저 생각하세요.
하느님이 둘에게 한 팀이 되라고 하셨는데,
한 팀이 된 둘이 어떤 경우에 헤어질지를 궁리하고 있으니
참 딱한 일입니다.

- 마가복음 10:1-12

032

어린아이들을 내치지 말라 1

나를 만나게 하려고 부모가 아이의 손을 잡고 오는데, 그들을 막는 내 제자라고 하는 그대들! 아주 깊은 곳에서 나는 분노하지 않을 수 없어요. 그대들이 내 제자라고요? 어린아이들이 내게 오는 것을 막지 마세요.

돈도 권력도 명예도 없는 어린아이,
바로 그런 아이들이 기존 질서에 얽매이지 않고
나와 함께 즐거운 마음으로 하느님의 뜻을 나눌 수 있어요.

- 마가복음 10:13-16

033

어린아이들을 내치지 말라 2

내게 강자를 데려오지 마세요. 그들은 하느님의 뜻이 아니라 세상의 질서에 익숙한 사람들입니다. 하느님이 다스리는 질서에 어떤 전제도 편견도 없이 참여할 사람들은 이 사회의 강자가 아니라 어린이와 같은 사람입니다.

어린이처럼 아무것도 아닌 사람들이 순수한 마음 그대로, 통념과 고정관념에 매이지 않는 모습 그대로 하느님 앞에 나아오는 모습을 봅니다!

나는 그들을 응원하고 지지하고 격려합니다.
잘 될 겁니다!
이 세상이 아무것도 아니라고 무시하는 여러분
그대들에게 복이 있기를!

- 마가복음 10:13-16

034
그대가 원하는 것이 실제로 무엇인지 알고 있는가? 1

내가 아끼는 세베대의 아들 야고보와 요한, 그대들은 내게 와서 원하는 것이 있다고 말합니다.

무엇을 원하나요? 그대들은 내가 영광을 누릴 때 한 명은 내 오른쪽에, 다른 한 명은 내 왼쪽에 앉도록 해달라는군요. 그대들은 내가 예루살렘에 들어가서 그곳을 점령하고 그곳의 왕이 되려 한다고 생각하는 거지요? 왕이 되어 왕좌에 앉을 때 그대 둘이 좌우에 앉아 통치하고 싶다는 것이지요? 그것이 내가 누릴 영광이라고 믿고 있어요.

아닙니다. 내가 갈 길은 그대들이 원하는 그렇게 빛나는 길이 아닙니다. 내가 가는 길에서 누릴 영광은 나 자신을 버리고 하느님의 뜻을 따르는 것이지요. 권력을 잡고 다른 사람 위에 군림하려는 욕망에서 벗어나야 더 멋진 길이 보입니다.

- 마가복음 10:35-41

035

✦ 그대가 원하는 것이 실제로 무엇인지 알고 있는가? 2

내가 마주하려는 그 운명을 그대들도 겪을 수 있나요?
내가 거쳐야만 하는 길을 그대도 갈 수 있나요?
그대들은 할 수 있다고 대답하는군요.
지금은 그것이 무엇인지도 모르고 할 수 있다고 대답하지만,
이후에 그대들은 깨닫고 할 수 있게 될 겁니다.
모르고 한 말이라도 이후에 깨닫게 되고,
그 말이 그대들의 운명을 감싸안게 되니
인생은 참 역설적입니다.
살다 보면 다 아는 것이지만 원한다고 주어지는 것도 아니고,
거절한다고 피해 갈 수 있는 것도 아닙니다.
그러나 가야만 할 길을 하느님은 정해두시지요.
하느님을 믿지 않는 사람들의 말로는
'운명'이라고 하더군요.

- 마가복음 10:35-41

036

모두를 망하게 하는 지도자

야고보와 요한이 내게 와서 권력이 있는 자리에 앉게 해달라고 요구했다는 말을 제자인 그대들이 엿들은 모양입니다. 야고보와 요한 형제에게 엄청나게 화를 내고 있군요.

일단 이리 가까이 오세요. 내가 진심으로 그대들에게 해줄 말이 있어요. 그대들도 권력을 탐하는군요. 그러나 분명히 알아두세요. 이른바 지도자입네, 통치자입네 하는 이들은 자신이 주인처럼 군림하려고 하고, 다른 사람은 자기 종인 양 함부로 부려먹지요. 자신이 권력과 재산이 더 많다고 여기는 사람은 다른 사람을 집에서 키우는 동물만도 못하게 대하지요. 하여 사람들은 종처럼, 동물처럼 취급받지 않으려고 권력과 부의 자리로 올라가려고 애씁니다. 그러나 그런 방식은 모든 사람을 경쟁과 배제의 대상으로 만들 뿐이지요. 그것을 깨닫기를 바랍니다.

- 마가복음 10:42

037

으뜸가는 가르침

종교법을 다루는 법률가인 그대가 내게 추궁하듯 "모든 계명 가운데 으뜸가는 것은 어느 것인지요?"라고 묻는군요.

으뜸가는 계명은 다른 것이 아닙니다.
이미 알려진 것인데 아무도 들으려 하지 않을 뿐이지요.
기록된 대로 "들으라, 그대 이스라엘! 우리 하느님은 주님 한 분이시다. 그대의 하느님을 사랑하라. 온 마음과 온 정성과 온 정신과 온 힘으로"이며 그에 버금가는 계명은 이겁니다.
"너의 이웃을 너 자신처럼 사랑하라."
이것들보다 더 큰 계명은 없습니다.
그러나 듣고도 그것을 받아들이지 않을 뿐이지요.
혹은 듣고도 그것을 지키기 싫어 다른 무엇이 있는지를 찾는 것이지요.

- 마가복음 12:28-31

038

때를 점치지 말고 일상을 돌아보라

여러분은 하느님이 심판하는 날이 언제인지를 점치려고 합니다.
어떤 책을 통해, 내가 한 말을 자기 맘대로 끼어 맞추면서요.
그러나 그날은 하늘의 천사조차 알지 못합니다.
그러니 언제 큰일이 일어나는지를 근거 없이 추측하며 세월을
허비하지 말고 언제라도 흔들리지 않고 나태하지 않게 사세요.

일상에 주어진 일을 하세요.
그날은 갑자기 옵니다.
깨어 있으세요.

- 마가복음 13:32-27

039

그대의 친구들에게 감사하라

친구들은 마비된 이 사람을 들것에 실어 내게 오려 했지요. 그러나 사람들이 많았고 그들은 내게 가까이 올 수 없었습니다. 여느 사람 같으면 포기했을 텐데 그들은 친구를 위해 그러지 않았어요. 지붕 위에 올라가 지붕을 뚫고 내가 앉은 자리에 들것을 달아 내렸지요. 죄를 지었다고 그것이 곧바로 몸에 병을 만들지는 않지요. 그러나 내 앞에 있는 병든 그대는 병에서 놓이기보다는 먼저 그대의 죄에서 놓이기를 바라는군요. 하느님께 용서를 구하고 그분을 향해 품었던 마음을 돌이키기를 바라는군요.

그대, 내 친구. 그대는 중요한 것이 무엇인지 알았습니다.
그대의 죄가 용서를 받았습니다!
그대 친구들에게 감사하세요.
그대를 위해 포기하지 않는 그들이 진짜 친구네요.

- 누가복음 5:17-26

040

호혜 원리를 넘어

흔히 복수를 할 때는 '눈에는 눈'이라고 말하고,
호의를 베풀 때는 '받은 호의를 갚는다'라고 말합니다.
둘은 매우 달라 보이지만 실상 같은 원칙을 따를 뿐입니다.
선과 악을 동등하게 주고받는 것이지요.

그러나 하느님의 동반자가 되고자 하는 여러분은
그런 틀에서 벗어나야 합니다.
그대들은 돌려받기를 기대하지 말고 내어주세요.
여러분이 동등한 교환 규칙을 과감하게 넘어설 때
그대들은 바로 그런 방식으로 우리를 대하시는
하느님의 자녀가 됩니다.
그것이 바로 하느님의 협력자가 되게 하여
마치 하느님처럼 살게 하지요.

누군가 감사할 줄 모른다고 해서 너무 맘 상하지 마세요.
하느님은 맘 상하지 않으십니다.
하느님을 아버지라고 부르려는 사람은
아버지의 그 따뜻한 마음을 가진 사람이어야 합니다.

- 누가복음 6:32-36

041

삶을 올바로 짓기

입으로는 무엇이 중요하다고 말하면서
실제로는 행하지 않지요.
그래도 다시 말하지 않을 수 없습니다.
내 말을 듣고 그것대로 사는 사람을 이렇게 비유할 수 있어요.
그는 집을 지으면서 땅을 깊게 파고 바위 위에 기초를 두지요.
물난리가 나서 그 집에 들이닥쳐도 그 집은 흔들리지 않아요.
집을 잘 지었기 때문입니다.

반대로 내 말을 듣고도 실행하지 않는 사람은
땅도 제대로 파지 않고 그냥 흙 위에 집을 세운 사람입니다.
겉으로 볼 때는 그럴듯해 보여도
강물이 그 집에 들이닥치면 집은 무너지고 맙니다.
흔적만 남게 되겠지요.

그 사람이 누구인지는
어려운 시기가 올 때 판가름 납니다.
집 정도가 아니라 인생 전체를 날림으로 공사해서는 안 됩니다.
그 무너진 인생이 얼마나 비참하겠습니까.

- 누가복음 6:46-49

042

메시아는 무엇을 해야 한다고 생각하는가

헤롯 안티파스를 비판하다 옥에 갇힌 정의의 예언자 요한이 그의 두 제자를 보냈습니다. 그들이 이렇게 요한의 말을 전하는군요. "오신다는 분이 선생님입니까? 아니면 다른 분을 기다려야 하나요?"

지금 병과 고통에 있는 이들, 악마에게 괴롭힘을 당하는 이들을 고쳐주고, 시각 장애인들을 치료하는 이 현장에서 그 질문을 하니 내가 답할 수 있는 것은 내가 하는 그것 외에는 없습니다. 질문하는 요한의 두 제자, 그대들이 지금 보고 있는 것을 그대로 전하면 됩니다. 시각 장애인들은 다시 보고, 지체 장애인은 걸어 다니며, 악성 피부병에 시달리는 이들이 깨끗해지고, 청각 장애인들이 듣습니다. 숨을 거둔 사람들의 숨이 다시 돌아오고, 가난한 사람들이 기쁘고 좋은 소식을 듣고 있습니다. 당신들이 본 그대로 전해주세요.

구원자가 무엇을 하기를 기대하나요? 지금 여러분 앞에 있는 고통에 관심을 갖지 않는 구원자가 무엇을 구원할 수 있겠습니까? 지금 고통에 신음하는 이들을 돌보지 않는 구원자가 있을 수 없습니다. 내가 지금 하고 있는, 누군가에는 사소해 보이는 이 일이 정말 중요한 일이라는 것을 깨닫는 사람에게 큰 기쁨과 복이 있습니다. 여러분도 여러분 앞에 있는 고통과 신음에 반응하세요.

- 누가복음 7:18-23

043

어리석은 착각

신앙이 있다고 주장하는 사람이라고,
자신이 선택받은 민족인 유대아 사람이라고 해서
자신이 믿는 신을 잘 이해하는 것이 아니더군요.
진리를 잘 안다고 뻐겨대는 유대인이 도리어
하느님에 대해서 무지하고,
반대로 그들이 무시하고 경멸하는 외국인이
진리와 신앙을 더 잘 깨닫고 있습니다.

타고 태어난 것에 너무 의존하지 마세요.
그것이 도리어 그대의 삶에 방해가 됩니다.

- 누가복음 7:9

044

그의 과거가 아니라 지금 흘리는 눈물을 보라 1

다른 바리새파 사람들은 나를 꺼리는데, 시몬, 그대가 같이 식사를 하자고 청해주어서 고맙습니다. 그대는 지금 이 마을에서 죄인으로 알려진 이 여인이 눈물로 내 발을 적시고, 자기 머리카락으로 내 발을 닦으며, 내 발에 다정하게 입 맞추고 향유를 바르는 것이 몹시 못마땅하군요. 그대는 내가 예언자라면 이 여인이 죄인인 것을 이내 알았을 텐데, 그러지 않고 이 여인을 그대로 놓아두는 것을 보고 내가 예언자가 아니라고 여기는군요. 시몬, 그대는 이 여인의 삶과 지금 하는 행동이 못마땅하지요? 그런데 그는 과거가 어떻든 지금 최선을 다해서 이전과는 다른 삶을 살려고 애를 씁니다. 그는 돌이키려고 애를 씁니다. 그것을 높이 사줍시다. 나는 사람들에게 새로운 삶의 가능성을 일깨워주고 싶어요.

- 누가복음 7:36-43

045

그의 과거가 아니라 지금 흘리는 눈물을 보라 2

시몬, 이 여인을 보고 있지요? 내가 불편한 말을 드리리다. 내가 그대 집에 들어왔을 때 그대는 발 씻을 물을 내게 주지 않았지요. 일부러 그랬든 실수를 했든 간에 그것은 실례한 것이지요. 관례상 발 씻을 물을 주는 것이니까요.

그런데 이 여인이 어떻게 나를 맞았는지 기억해보세요. 그대는 내게 입을 맞추며 환영의 인사를 하지도 않았습니다. 올리브기름을 내 머리에 바르면서 귀한 손님이라고 반기지도 않았지요. 이 여인은 그대가 아는 대로 죄를 많이 지었어요. 그러나 이 여인은 그 죄를 용서받았습니다!

함께 있는 바리새파 여러분, 내가 죄를 용서한다고 하니 내가 누구길래 죄를 용서하냐고 비판하는 것 압니다. 그러나 나는 이 여인에게 선언하겠습니다. 그대의 신실함이 그대를 죄로부터 구원했군요. 간절한 마음에서 나오는 간절한 행동이 그대를 구원으로 이끌었군요. 평안히 가세요. 그대는 더 많은 은혜를 받았습니다.

- 누가복음 7:44-50

046
옛 시대의 위대한 사람은
새 시대에 가장 작은 자가 된다

여러분은 누구를 보고 무엇을 기대하며 광야에 나갔습니까? 바람에 흔들리는 갈대인가요? 화려한 옷을 입은 사람인가요? 멋진 옷을 입고 삶을 허비하며 사는 사람은 궁궐에서 으쓱대지요. 여러분이 광야까지 나간 것은 예언자 요한을 보기 위해서였어요. 그는 구원자가 올 길을 마련했지요. 지금까지 누가 그보다 위대할까요?

그러나 구원자가 오고 나서는 그도 옛 시대 사람입니다. 한밤중에 등불은 많은 사람에게 도움이 되지만 해가 뜨면 등불이 더 필요하지 않습니다. 과감히 옛 시대에서 돌이켜야 할 때가 있습니다.

- 누가복음 7:24-28

047

자신을 낮추는 사랑은 힘이 있다

사람들이 모여 있는 이곳에 그대 야이로가 들어오는군요. 그대는 회당의 지도자, 유대아 사람의 지역 지도자지요. 그대도 나를 고깝게 보는 유대아 사람 지도자였나요? 그러나 그대는 지금 내 앞에 무릎을 꿇어 엎드리는군요. 그리고 열두 살 외동딸이 죽어간다고 고쳐달라고 애원합니다. 그렇지요. 사랑이란 그런 것이지요. 만약 그대 자신이 병들고 죽어간다 해도 자존심을 내세우며 "내가 죽는다 해도 우리가 경계하는 그의 도움을 받지 않겠다"라고 말할 수 있을 겁니다.

그러나 그대가 사랑하는 딸의 목숨이 희미해지자 그대는 모든 것을 내려놓는군요.

그렇지요, 그것이 사랑이지요. 사랑은 자신을 낮추고 낮추어서 사랑하는 사람을 살리고자 하지요. 그대의 요청을 받아들입니다. 그대의 집으로 가시지요.

- 누가복음 8:40-42a

048

묵음 처리된 신음소리를 듣기

회당 지도자 야이로가 뛰다시피 걷기에 나도, 나를 따르는 무리들도 서둘러 걸었어요. 많은 사람이 나를 보려고 혹은 만지려고 밀어대기도 했지요. 그때 나는 묵음 처리된 신음소리를 들었어요. 그 소리는 나를 만지는 짧은 순간에 간절하게 전달되었습니다. 나는 급한 걸음을 멈추고 무리를 향해 묻습니다.
"누가 나를 만졌나요?"
많은 이들이 에워싸고 밀고 있었기에 이 질문에 손을 들 사람은 한둘이 아니지만, 진심으로 나를 만지려는 그 사람이 이 질문에 답해야 할 겁니다.
"내게서 치료하는 능력이 흘러나갈 만큼 간절했던 그 손길은 누구의 것인가요?"
출혈병에 걸려 12년간 어떤 의사도 치료하지 못한 채, 그래서 무리들 사이에 있으면 안 되는 한 여인이, 들키면 부정한 몸으로 사람들 사이에서 병을 옮기려 했다고 비난받을 한 여인이 내게 나아옵니다.

"제가 그랬습니다. 저를 용서하세요. 그런데 주님, 제 몸이 나았다는 것을 느낍니다."
보세요! 이 여인은 신음소리조차 내지 못했어요. 고통에 비명을 지르고 싶었지만 그것마저 묵음으로 처리해버리는 세상에서 그 여인은 살았지요.

그대, 그대의 그 간절함이 그대를 낫게 했어요.
마음 편히 가지세요. 이제 집으로 돌아가세요.

- 누가복음 8:42b-48

049

◆ 예수의 이름으로
자신의 분노를 정당화하지 말라

죽음이 기다리고 있다는 것을 알지만 예루살렘으로 가서 하느님의 뜻을 전하기로 마음먹었을 때 그대 야고보와 요한을 먼저 보냈지요. 나는 통치자로서, 그대들을 통치자의 대리인으로 보낸 것이지요. 그런데 그대들이 크게 오해하고 있는 것이 있군요. 그대들이 사마리아 마을로 들어가서 나에 관한 소식을 전하면 그들이 환영해주리라 여겼지만 그렇게 되지는 않았지요. 그대들은 내가 누구인지, 내 뜻이 무엇인지 알기에 화가 났을 겁니다. 의분이 일어났겠지요. 그것은 이해할 수 있습니다. 그러나 그대들이 내게 "주님, 우리가 하늘에서 불이 내려와 그들을 없애 버리라고 명령하기를 원하십니까?"라고 말했을 때 나는 도리어 그대들을 심하게 꾸짖을 수밖에 없었습니다.

그대들은 나의 이 길이 사랑으로 사람을 살리는 길임을 정말 깨닫지 못합니까? 누군가 우리를 환영하지 않는다고, 우리 뜻에 찬성하지 않는다고 내가 그들에게 저주를 내리기를 바라는 것처럼 보였나요? 그대들의 분노를 내 이름으로 정당화하려는 것 아닌가요? 잘 살피세요. 나를 핑계로 여러분의 분노를 정당화하지 마세요. 내 뜻은 어떻게 해서든 그들을 사랑으로 살려내는 것이지 거부하는 이들을 저주하려 하는 것이 아닙니다.

- 누가복음 9:51-56

050

유예 기간 일 년

땅 주인이 자기 포도밭에 무화과나무를 심었어요. 무화과 열매 맺을 때 그가 와서 거두려고 하였는데, 어떤 열매도 맺히지 않았지요. 주인은 포도밭 관리인에게 이렇게 말했습니다.
"내가 3년째 이 나무에서 열매를 기다렸소. 하지만 아무 열매도 없으니 베어버립시다. 이대로 두면 땅의 영양분만 낭비되잖소. 차라리 다른 과실수를 심지요."
포도밭 관리자는 이렇게 대답했습니다.
"주인어른, 올해만 기회를 주면 안 되겠습니까? 우리가 3년을 기다리며 보냈는데, 성과를 볼 수 있을 것도 같고요. 제가 특별히 나무에 거름도 주고 잘 살펴보겠습니다. 그것도 생명이지 않습니까. 내년에 열매를 맺지 못하면 베어버리시지요."
만약 충분한 시간과 조건이 주어졌는데도 그간 열매가 없었다면 정말 남은 유예 기간이 일 년일 수 있습니다. 분발합시다.

- 누가복음 13:6-9

| 051

경계를 넘는 따뜻한 마음의 실천 1

법률가 그대는 내게 영원한 생명을 누리는 길이 무엇인지 나를 시험하듯 묻고는, 그대 스스로 하느님 사랑, 이웃 사랑이라고 답했지요. 그런데 이제는 내게 '나의 이웃이 누구인지'를 묻습니다. 정말 그것이 알고 싶은가요? 아니면 그저 '이웃' 개념을 두고 논쟁하고 싶은 것인가요? 필요하면 논쟁을 해야겠지요. 그러나 더 중요한 것은 '이웃'이 누구인지 말하기 이전에 이웃을 향한 마음을 준비하는 것이지요.

- 누가복음 10:29-37

052

경계를 넘는 따뜻한 마음의 실천 2

그대가 이웃이 누구인지를 물으니 내가 이야기를 하나 들려주겠습니다.

어떤 사람이 예루살렘에서 일을 보고 여리고로 가고 있었습니다. 그런데 길에서 강도들이 매복하다가 그를 습격했지요. 하지만 그는 가진 것이 없었고, 강도들은 그의 옷이라도 빼앗으려 했지요. 그러나 전 재산이 그 옷뿐인 사람은 옷을 지키려다 흠씬 두들겨 맞았고 거의 죽게 되다시피 했습니다.

그 사람이 누워서 신음조차 내지 못할 때 마침 제사장이 그 길을 지나갔습니다. 제사장은 그를 보았지만, 그가 자기 이웃인지 아닌지 판가름할 수 없었어요. 그가 어디 사람인지를 알려주는 옷이 벗겨져 있어서 유대아 사람인지 아니면 사마리아 사람인지, 그것도 아니면 외국인인지 분간할 수 없었던 것이지요. 그 제사장은 성전에서 일을 하니 핑곗거리가 가득했지요. 강도 당한 사람이 혹시라도 죽으면 시체에 손을 댄 그는 제사장 일을 당분간 하지 못할 테니까요. 역시 성전에서 일하던 레위 사람도 그 길을 지나가다가 제사장과 같은 이유로 그 쓰러진 사람을 피해서 다른 곳으로 돌아갔습니다.

참 이상하지 않습니까? 제사장이나 레위 사람은 왜 길거리에 쓰러진 그 사람을 똑똑히 보고도 피하여 지나갔을까요? 무엇이 그들의 마음을 닫게 만들었을까요? 명백히 보이는 대상을 보지도 못하게 하고, 듣지도 못하게 하는 그것은 무엇일까요?

- 누가복음 10:29-37

053

경계를 넘는 따뜻한 마음의 실천 3

이후 한 사마리아 사람이 그곳을 지나갔습니다. '사마리아 사람'이라는 말을 듣고는 벌써부터 인상을 찡그리는군요. 그래요, 그대들 유대아 사람이 경멸하고 혐오하는 그 사마리아 사람이에요. 그 사람은 쓰러진 그를 보고 그냥 지나치지 못했습니다. 마음 깊은 곳에서 불쌍한 마음이 들었거든요. 다가가 보니 쓰러진 사람은 아직 살아 있었습니다. 그는 상처를 싸매고, 소독과 치료를 위해 올리브기름과 포도주를 부었습니다. 여행길이 멀리 남았지만 먼저 그를 살리는 일이 급선무이니까요. 그는 자기가 타던 나귀에서 내려서 다친 사람을 태우고 여관에 갔습니다. 그 사마리아 사람도 강도 당한 그 사람이 어느 쪽에 속한 사람인지 몰랐을 텐데 어떻게 그는 그렇게 할 수 있었을까요? 그는 제사장과 레위 사람하고 무엇이 다른 것일까요?

- 누가복음 10:33-37

| 054

경계를 넘는 따뜻한 마음의 실천 4

그 사마리아 사람은 강도 당한 사람과 함께 여관에서 하룻밤을 묵고는 다음 날 여관 주인에게 두 데나리온을 건네면서 "이 사람을 돌봐주세요. 돈이 더 들면 내가 돌아오는 길에 내겠습니다"라고 말했습니다. 여관 주인도 대단하지요? 금방 죽을 것 같은 사람을 여관에 두는 것인데요. 그 주인은 그 사마리아 사람이 정말 다시 올지 안 올지 확신할 수 있었을까요?

이제 다시 물어야 하겠습니다. 그 사마리아 사람과 여관 주인, 그리고 제사장과 레위 사람 사이에 다른 점은 무엇인가요?

여러분은 누구처럼 행동하려 합니까?

- 누가복음 10:33-37

055

경계를 넘는 따뜻한 마음의 실천 5

내게 질문한 율법가 선생, 내가 묻겠습니다.
그 사마리아 사람과 제사장과 레위 사람 중에 누가 그 사람의 이웃이 되어주었나요? 맞습니다. 강도 당한 사람에게 사랑을 베푼 사람이지요. 제사장과 레위 사람도 그곳을 지나갔지만, 그들은 그 쓰러진 사람이 나의 이웃인지 아닌지 몰랐다고 할 겁니다. 그래서 돕지 않았다고 하겠지요. 그러나 그 사마리아 사람은 따뜻한 마음을 가졌고 그 마음을 실행할 의지가 있었어요. 율법가 선생, 그대도 그 사마리아 사람처럼 그 마음을 품고 그 사랑을 실천하세요. 모욕적으로 들리겠지요. 그대가 경멸하는 사마리아 사람처럼 행동하라고 하니까요.

그러나 분명히 말해둡니다.

누가 나의 이웃인지 묻지 마세요.

그대의 이웃은 당신의 도움을 필요로 하는 그 사람이니

그대가 이웃이 되어주어야 합니다.

그대가 이웃이어야 합니다.

- 누가복음 10:33-37

| 056

계산을 하지 못하는 사랑 1

동족보다는 로마 제국의 착취자를, 정의보다는 돈을 택한 세금 징수업자 집에서 먹고, 나아가 죄인들과도 어울린다고 당신들이 나를 비판하는군요. 내가 들려주는 이야기를 들어볼래요? 어떤 사람이 양 100마리를 몰고 들에 나갔습니다. 한가로이 있다가 느낌이 이상해서 양을 세어보니 한 마리가 없는 것 아니겠어요? 그러면 그 사람은 어떻게 해야 할까요? 99마리가 들판에 방치되었다는 것도 미처 깨닫지 못한 채 한 마리를 찾아 나서지 않겠습니까? 물론 당신들은 그런 바보 같은 양치기가 어디 있냐고 되묻겠지요. 맞습니다. 99마리를 들판에 두면 들짐승이 와서 양들을 물어갈 수도 있고 도둑이 들어서 양을 모두 몰아갈 수도 있지요. 그런데 한 마리가 사라진 것을 아는 그 순간, 그 사람은 그 양을 향한 사랑에 정신을 놓고 계산을 못 하게 되었습니다. 잃어버린 무엇인가를 찾아야 한다는 간절함이 그 사람을 정신이 나간 것처럼 만들었죠. 마침내 잃어버린 양 한 마리를 되찾았을 때 그는 기쁨에 겨워 친구들과 이웃들을 불러놓고 잔치를 벌일 겁니다.

나도 다르지 않습니다. 여러분의 눈에는 세금징수업자, 그리고 죄인들과 어울리는 내가 이상하게 보이겠지만 나는 잃어버린 그 사람들에게 마음을 온통 빼앗기고 있어요. 하느님이라고 다르시겠어요?

- 누가복음 15:1-7

| **057**

계산을 하지 못하는 사랑 2

내 이야기를 듣고 아직 미심쩍은 사람들이 있는 모양인데 내가 다른 이야기를 하나 들려주지요.
어느 한 가난한 여인이 있었어요. 이 여인이 시집을 갈 때 친정엄마는 가난한 형편에 해줄 것이 없었지만 그래도 딸을 빈손으로 보낼 수는 없어서 이웃에게 드라크마 10개를 빌렸어요. 드라크마라고 해야 노동자 하루 임금 정도지요. 흔히 드라크마 10개를 모아 목걸이를 만들어주면 액운이 피해 간다고 하는데, 친정엄마는 그것을 믿은 모양입니다. 친정엄마가 해준 10개의 드라크마 목걸이를 하고 살던 그 여인은 갑자기 목걸이 끈이 끊어지는 바람에 바닥에 떨어진 드라크마 중에 하나가 어디로 사라진 것을 알게 되었어요. 그 여인에게 목걸이의 드라크마 하나는 단지 하나의 드라크마 가치가 아니죠. 친정엄마의 사랑과 눈물이 고스란히 담긴 것이죠. 하여 이 여인은 등불을 켜고 집을 빗자루로 깨끗이 쓸어가면서 드라크마를 찾으려고 온갖 노력을 다 했어요. 그리고 마침내 찾아내서 그 여인은 친구들과 이웃을 불러 모았습니다. 그러면서 잃어버린 드라크마, 아니 엄마의 사랑과 눈물을 다시 찾았다고 기뻐하면서 감격했어요.
나도 이 여인처럼 그 잃어버린, 그러나 소중한 사람들 때문에 정신이 나간 상태예요. 하느님이라고 다르시겠어요?

- 누가복음 15:8-10

058

사랑 많은 아버지의 기쁨과 슬픔 1

잃어버린 사람에 관한 한 집안 이야기를 들려주지요.
어떤 사람에게 두 아들이 있었습니다. 둘째 아들이 아버지에게 이렇게 얘기했죠.
"아버지, 어차피 아버지가 죽으면 재산 가운데 1/3은 제 몫이죠. 그 1/3을 먼저 주시면 안 돼요?"
참 어처구니가 없지요? 그런데 그때 첫째 아들은 무엇을 하고 있었을까요? 어차피 아버지 재산의 2/3가 장남의 몫이니 첫째 아들은 동생의 망나니짓을 대수롭지 않게 여겼을지도 모르겠네요. 여하튼 재산을 상속받는다 해도 재산 처분권은 아버지 사후에나 가능했습니다. 그런데 둘째 아들은 법에 아랑곳없이 재산을 처분하여 먼 지역으로 떠나버렸습니다. 그것도 상속받은 지 며칠 지나지 않았을 때에 말이지요. 큰 도시로 간 거죠. 거기서 그는 흥청망청 살았습니다. 하고 싶은 대로 했죠.
그러나 아무리 돈이 많아도 탕진의 끝은 있기 마련입니다. 그가 가지고 있는 돈을 다 썼을 때 하필이면 그곳에 극심한 기근이 들었죠. 아버지 돈이나 쓸 줄 알았던 그가 무슨 재주가 있어 이 상황을 이겨 나가겠습니까? 결국 그 지역 시민 중 한 사람에게 가서 품꾼이 되었지요. 그는 농장으로 가서 돼지를 쳤어요. 품꾼에게는 먹을 것을 제대로 주지 않았기에 그는 돼지와 같은 동물이 먹는 캐럽콩 꼬투리라도 간절히 먹고 싶었어요. 그런데 그에게 그것조차 주는 사람이 없었어요. 참 쌤통이지요. 우리 유대 문화에서 돼지란 얼마나 불결한 동물인가요. 그런데 그 돼지가 먹는 사료를 탐했다니요. 그리고 그 사료조차 그에게 주는 사람이 없었다니요. 그대들이 많이 들었던 권선징악 혹은 인과응보의 교훈이 여기서 적용되니 통쾌하기도 합니다. 그러나 제 이야기는 여기서 끝이 아닙니다.

- 누가복음 15:11-32

059

사랑 많은 아버지의 기쁨과 슬픔 2

방탕하게 살던 그 사람은 굶주리다가 정신이 번쩍 들었어요. 그러고는 자기 아버지 집에서 일하는 품꾼들을 생각해보았습니다. 품꾼들은 굉장히 많았지만 아버지는 넉넉하게 그들을 먹였거든요. 자기 처지를 생각해보니까 어처구니가 없는 거예요. 아버지 집 품꾼들은 넉넉히 먹는데 자기는 여기서 굶어 죽게 생겼으니까요. 그러고는 아버지 집으로 돌아갈 궁리를 하기 시작했어요. 그런데 벼룩도 낯짝이 있지 어떤 명분을 내세워야 할지 고민하지 않을 수 없었죠. 그러다가 이렇게 말해야 하겠다고 결심했어요. "아버지, 제가 법을 어기고 아버지에게 죄를 지었어요. 솔직히 아버지의 아들이라고 불릴 가치가 없습니다. 그냥 품꾼처럼 아버지 집에서 일해도 되겠습니까?" 그 사람은 몇 번이고 이 대사를 반복해서 아버지 앞에서 자연스럽게 하려고 노력했어요. 그리고 아버지에게 어떤 말을 할 때 눈물을 흘려야 할지 계산도 해보았어요. 그러고는 아버지 집으로 출발했습니다. 아버지는 아들을 향해서 계산을 하지 못하는 바보 같은데,

그 아들은 아버지를 향해서 계산을 참도 잘하는군요. 그런데 그렇게 계산을 잘하는 아들은 먹고살기도 힘들고 바보같이 너그러운 아버지는 자기 집안에서 일하는 품꾼 모두에게 먹는 것을 넉넉히 공급하다니 참 아이러니입니다.

- 누가복음 15:17-32

060

사랑 많은 아버지의 기쁨과 슬픔 3

집으로 돌아가기로 한 그 사람이 굶주린 배를 움켜잡고 간신히 발걸음을 옮겨서 드디어 아버지 집 근처로 가게 되었습니다. 그런데 아직 먼 곳에 있는데 그의 아버지가 그를 보았습니다! 평소에 아들이 돌아오기를 바라면서 그 길을 바라보고 있지 않았다면 불가능했겠죠. 아들은 아버지를 발견하지 못했는데 아버지는 아들을 발견했죠. 아버지는 아들을 향해 뛰기 시작했습니다. 누가 봤으면 체면도 못 차리는 아버지라고 힐난할 수도 있겠지요. 아버지는 아들에게 다가가자마자 그의 목을 껴안고 다정하게 입을 맞췄어요. 그리고 아들은 자기가 연습해온 대사를 자연스럽게 외우기 시작했지요.

"아버지, 제가 법을 어기고 아버지한테 죄를 지었어요. 솔직히 아버지의 아들이라고 불릴 가치가 없습니다. 그냥 품꾼처럼 아버지 집에서 일해도 되겠습니까?"

아버지가 뭐라고 답변했을까요? 아버지는 그 아들의 말에 어떤 말로도 대답하지 않았습니다. 생각해보세요. 아들의 말이 얼마나 한심한가를요! 품꾼은 집에 얼마든지 있는데, 그 아버지가 돌아오기를 바라는 사람이 품꾼이겠습니까? 그는 품꾼이 아니라 자기가 사랑하는 아들이 아버지의 사랑을 깨닫고 아들로서 돌아오기를 바랐지요. 아버지는 아들이 돌아오기를 기다렸는데, 아들은 품꾼으로 돌아왔으니 아직도 이 아들은 아버지의 사랑을 알지 못하는 셈입니다.

- 누가복음 15:17-32

061

사랑 많은 아버지의 기쁨과 슬픔 4

자신을 품꾼으로 써달라는 아들의 계산된 말에 아버지는 어떤 대답도 하지 않고 대신 자기 종들에게 이렇게 말했습니다.
"제일 좋은 예복을 가지고 와서 어서 내 아들에게 입히거라. 손에는 인감용 반지를 끼우고, 이 사람은 내 아들이니 어서 신을 신겨라. 신을 벗고 집에 들어오면 내가 그를 아들이 아니라 종으로 본다고 다른 사람이 착각할 수 있으니까. 그리고 살찐 송아지를 잡아라. 아주 실한 놈으로. 그리고 오늘 일들을 그만하고 잔치를 하자. 나의 이 아들은 멀리 떠나서 마치 죽은 것과 같았으나 다시 살아난 것 아니냐! 이렇게 돌아왔으니!"
이렇게 아버지는 잔치를 베풀었지요. 아버지는 여전히 계산을 하지 못하는 것 같지 않나요? 원망이나 비난, 그것이 아니라면 훈계를 했을 법도 한데요. "네놈이 내 재산 1/3을 팔아 가지고 나갈 때는 그렇게 의기양양하더니 결국 이 꼴로 돌아오느냐!"라고 소리를 지를 법도 한데, 아버지는 화를 내고 비난을 하는 대신 잔치를 벌였습니다.

가족이 회복된 것이 더 중요했으니까! 죽은 줄로만 알았던 이 아들이 살아 돌아왔으니까! 둘째 아들처럼 돈을 놓고 계산을 하면 아버지는 바보지만, 아버지처럼 사랑을 놓고 계산을 하면 아들이 바보지요. 그런데 어느 것이 더 중요한가요?

- 누가복음 15:17-32

062

사랑 많은 아버지의 기쁨과 슬픔 5

잔치가 한참 벌어지고 있을 때 큰아들은 들에 있다가 돌아왔어요. 여느 때와 다를 게 없는 하루 일을 마치고 집에 와보니 노랫소리가 들려왔고 멀리서 보아도 춤추는 사람도 여럿 보였습니다. 그는 하인을 불러서 이게 도대체 무슨 일인지 물어보았어요. 하인은 말했어요.

"동생분이 돌아오셨고, 주인께서 살진 송아지를 잡아서 잔치를 하고 있습니다. 동생분이 건강하십니다."

여러분 같으면 이 소식을 듣고 뭐라고 하겠습니까? 큰아들은 저 깊은 곳에서 화가 치밀어 올랐고, 집에 들어가기를 거부했습니다. 작은아들은 집을 나갔다가 돌아왔지만 이제 큰아들이 집 밖으로 나간 셈입니다. 작은아들이 재산을 챙겨 나갈 때 화를 안 낸 것을 보면 그는 자기 동생에게도 관심이 없었고, 자기 동생이 아버지를 모욕하는데도 동생을 가만히 놓아둔 것을 보면 아버지를 존경하지도 않았던 것 같기도 합니다. 작은아들은 대놓고 아버지와 집을 떠난 반면, 큰아들은 드러내지는 않았지만 아버지와 집을 두고 계산한 셈입니다. 큰아들은 왜 화가 났을까요? 작은아들이 돌아오면 아버지 재산을 다시 나누어야 해서일까요? 큰아들도, 작은아들도 재산을 두고 계산하는 데에는 빠르지만 정말 중요한 것을 생각하지 못합니다. 그런데 여러분이 아버지라면 이 상황에 어떻게 하겠습니까? 한번 대답해보시지요.

- 누가복음 15:17-32

063

사랑 많은 아버지의 기쁨과 슬픔 6

큰아들이 집에 들어오지 않는다는 소식을 들었을 때, 작은아들을 보고 집에서 달려 나갔던 그 사랑 많은 아버지는 집 밖으로 나가 큰아들에게 집으로 들어가자고 애원하듯 간청했습니다. 희한한 광경입니다. 당시 아버지는 가부장 권리를 가지고 있었고, 큰아들이라도 "너는 내 아들이 아니다"라고 선언하면 그는 장남의 권리를 잃고 집 밖으로 나가야 했지요. 큰아들은 저 깊은 곳에서 아버지가 자신을 사랑한다는 것을 알았고, 바로 그 사랑을 틈타 아버지에게 심술을 부리고 있는지도 모릅니다. 아버지가 자신을 사랑하니 자신에게 꼼짝 못 한다고 계산한 것일 수도 있지요.

사랑 많은 아버지는 그 사랑 때문에 이렇게 기쁘고,
또 이렇게도 슬픕니다.

- 누가복음 15:17-32

064

사랑 많은 아버지의 기쁨과 슬픔 7

큰아들은 아버지에게 대들면서 이렇게 막말을 해댔습니다.
"저는 몇 년간 아버지를 위해 종처럼 일했어요. 제가 아버지 명령을 무시했나요? 그런데도 제게는 친구들과 잔치를 벌이라고 염소 새끼를 준 일이 있나요? 하지만 아버지의 그 아들이 아버지의 재산을 흥청망청 탕진하고 돌아왔는데도 그놈을 위해서는 살진 송아지를 잡았습니다."
아버지는 그 말에 놀랐어요. 작은아들을 동생이라고 부르지 않고 '그 아들'이라고 하니 가슴이 무너지는 듯했지요. 그렇지만 아버지는 큰아들에게 말했어요.
"애야, 넌 나와 함께 있었지? 내 것이 다 네 것이야. 그러니 네가 친구들과 즐기고자 했다면 내가 너에게 인색하게 굴었겠니. 그런데 애야, 그 애는 그 아들이 아니라 네 동생이다. 네 동생이 죽었다가 살아 돌아온 거야. 그러니 잔치를 하는 거잖니."

여러분이 큰아들이라면, 혹은 아버지라면
어떻게 했을 것 같나요?
사랑 많은 아버지의 기쁨과 슬픔은 무엇인가요?
이 아버지는 사랑 때문에 기쁘고 슬픈 하느님과 같습니다.
세금징수업자와 죄인들이 돌아온다면
하느님은 크게 기뻐하십니다.
그러니 내가 그들과 함께 먹고 마시며 잔치를 하는 겁니다.

- 누가복음 15:17-32

065

하느님과 거래하지 말라

내 아버지의 집을 장사하는 집으로 만들지 마세요.
성전에서 제사를 지내기 위해 소와 양과 비둘기를 파는 사람들을 내쫓습니다. 성전에 헌금할 수 있는 돈으로 환전해주는 사람들을 내쫓습니다. 말로만 하지 않고 채찍을 만들어 그들을 내쫓습니다. 소와 양과 비둘기도, 환전을 위한 돈도 쏟아버립니다. 탁자도 뒤집어엎습니다.
이런 것들을 사고팔고 바꾸어가며 성전에서 하느님에게 제사를 드린다고 하지만, 성전에서 해야 할 일은 '거래'가 아닙니다. 성전에서 사고팔면서, 돈을 바꾸면서 그대들은 하느님과도 거래하려 하고, 하느님의 은혜와 사랑과 기적도 사고팔고, 환전할 수 있으리라 여깁니다.

아니요! 성전에서는 하느님과도 사람과도 거래하면 안 됩니다.
성전에서는 거래가 아니라 은혜와 감사와 감격이 무엇인지 알아야 하는 곳입니다.
하느님과도 사람과도 말이지요.

- 요한복음 2:13-17

066

빛으로 나오라

심판은 잘잘못을 가려 심판받을 사람이 누구인지를 드러내고 그에 상응하는 대가를 주는 것이지요. 때로 심판자는 다름 아닌 자신이 됩니다.

빛을 사랑하는 사람은 빛이 오면 빛으로 나아갑니다. 그 빛을 통해 생명과 아름다움을 얻지요.

그러나 빛이 세상에 왔는데도 빛보다 어둠을 더 사랑하는 사람은 빛으로 나오지 않고 어둠에 머물러 있지요.

나아가 악한 사람들은 어둠을 더 사랑할 뿐만 아니라 빛을 미워하기까지 하지요. 빛이 비치면 자기가 한 악한 행위가 드러나니까요. 그들은 어둠에 머물러 있으려 하기에 어둠에서 사그라져 갈 뿐입니다.

그러니 할 수 있다면 마음을 크게 먹고 빛으로 나오세요.

- 요한복음 3:19-21

| **067**

정말 그것을 원하는가

그대는 병을 앓은 지 38년이 되었군요. 정말 낫고 싶은가요?
내가 이렇게 물으니 그대는 지금 상황을 탓하고 남을 탓합니다.
우리 앞에 있는 베데스다 연못에 물이 움직일 때 제일 먼저 들어가는 사람의 병이 낫는다는 소문을 듣고, 당신이 낫지 못하는 이유가 그대를 연못에 던져줄 사람이 없어서라고, 나보다 다른 사람이 먼저 내려가서 나을 기회를 빼앗긴 거라고 말하는군요.

그래서 다시 묻습니다. 정말 낫고 싶습니까?
아니면 이 병에 대해서 누군가를 탓하고 싶은가요?
그대에게 말합니다.
일어나세요!
그대가 누워 있던 자리를 걷어들고 걸으세요!
낫기를 간절히 원하면 탓하지 마시고 일어나세요!

- 요한복음 5:6-8

068

거룩한 낭비

이집트에서 해방된 날을 기리는 절기에 그대들이 나와 내 동지들을 위해 잔치를 베푸니 기쁩니다. 마리아, 그대가 비싼 나르드 향유 300g을 들고 오더니 내 발에 바르고 그대의 머리카락으로 닦아냅니다. 우리 문화에서 손님이 오면 발을 씻을 물을 내주는 것은 주인의 예의이고, 그 집에 종이 있다면 종이 손님의 발을 씻겨 주지요. 그런데 자유인인 마리아, 그대가 인생에서 가장 중요할 때 쓰려고 모은 향유를 내 발에 부었지요. 그러자 가롯 사람 유다가 마리아 그대를 향해 "왜 이 향유를 팔아 그 돈으로 가난한 사람에게 주지 않느냐!"며 따지듯 비난합니다. 그러나 마리아, 유다가 정말 가난한 사람을 걱정해서 그랬을까요? 가난한 사람은 언제나 불행하게도 늘 있습니다. 언제든지 그들을 도울 수 있습니다. 내 발에 향유를 붓는 것은 앞으로 다가올 내 죽음을 준비하려 그대가 그렇게 한 거지요. 유다는 명분을 만들어 그대를 비난하지만, 그는 그 돈에 욕심이 났을 뿐이지요.

그러니 마리아,

인간은 가장 소중한 것을 기념하고 기억하기 위해

'낭비'해야 할 때가 있지요.

그대는 그때를 잘 알았습니다.

그대의 거룩한 낭비는 영원히 기억될 겁니다.

- 요한복음 12:1-8

069

나는 혼자가 아니다

나는 아버지에게서 세상으로 나왔습니다.
이제는 세상을 떠나 아버지에게로 갈 겁니다.
여러분은 이제 내가 내 삶의 모든 과정을 알고 있음을 깨달았지요?
누구든 자기 삶의 전 과정을 하느님을 통해서 알게 된 사람은
고통과 슬픔이 몰려와도 거기에 마음이 흔들리지 않지요.

그런데 여러분은 아직 그렇지 못합니다.
이제 사람들이 와서 나를 붙잡아갈 때가 옵니다.
그때 그대들은 자기가 있던 곳으로 흩어지고 말 겁니다.
여러분은 아직 여러분이 어디서 와서 어디로 가는지 모르니까요.
언뜻 보면 나 혼자 버려진 것 같지만 그렇지 않습니다.
나는 혼자가 아니며 아버지는 늘 나와 함께합니다.
이를 알고 믿는 사람은 평화를 누립니다.

내가 이것을 여러분에게 미리 말해두어

그대들도 내 안에서 평화를 누렸으면 합니다.

그대들이 세상의 핍박을 피하기는 어려울 겁니다.

그러나 용기를 잃지 마세요.

나는 세상을 이겼습니다.

그대의 삶도 하느님을 통해 밝혀질 때

그대들은 참 평안을 얻게 될 것입니다.

- 요한복음 16:28

070

그대들은 종이 아니라 내 친구이다

뜻을 함께하는 사람, 곧 친구를 위해
자기 목숨을 기꺼이 내놓는 것보다 더 큰 사랑은 없지요.
내가 그대들을 위해서 목숨을 내놓을 때까지 사랑했으니
그대들도 그렇게 서로 사랑하세요.
그렇게 하는 사람이면 내 친구들입니다.
나는 그대들을 종이라고 부르지 않습니다.
종은 주인이 무엇을 하는지 알지 못하고 명령만을 따릅니다.
그러나 서로 사랑하는 관계가 되면 친구가 되고,
친구는 서로의 속마음을 깊이 알지요.

- 요한복음 15:12-15

071

고통의 절정인 십자가 위에서 사랑을 맺어주기

십자가 위에서 보니 목숨을 같이하겠다는 제자들은 간곳없고 어머니와 이모, 글로바의 아내 마리아와 막달라 출신의 마리아가 있군요. 그리고 내가 사랑한 제자 한 명만이 같이 있군요. 어머니, 슬퍼하지 마세요. 옆에 있는 저 제자가 이제 어머니의 아들입니다. 내가 사랑하는 그대, 보세요. 그대의 어머니입니다.

사랑하는 사람이 겪는 고통의 현장에 같이 있는 사람이
가족이 아니면 누가 가족일까요?

- 요한복음 19:25

이 작품은 사회적 사실주의 풍으로
씨 뿌리는 농부의 강인함과 자연에 굴하지 않는 의지를 보여준다.
예수가 말한 씨 뿌리는 비유에 나온
농부의 모습이라고 할만하다.

/

장 프랑수아 밀레, 〈씨 뿌리는 사람〉

1850, 캔버스에 유채, 101.6x82.6cm, 보스턴 미술관

그림 왼편 가운데와 위쪽에 제사장과 레위인이 도망치듯 걷고 있는 것과
사마리아인이 쓰러진 사람을 부축하여 일으켜 세우는 모습이 대비되어 있다.
사마리아 사람이 입고 있는 상의의 빨간색과 하의의 파란색은
전통적으로 사랑과 믿음을 각각 뜻한다.
그가 차고 있는 물품의 황금색은 천국의 영광을 의미한다.
경계를 넘어선 사랑을 극찬하는 작품이다.

/

야코포 바사노, 〈선한 사마리아인〉

1562-1563년경, 캔버스에 유채, 102.1x79.7cm, 런던 내셔널 갤러리

이 그림은 바로크의 거장 렘브란트의 작품 중에서도
몇 손가락에 꼽히는 유명한 작품으로
사랑 때문에 기쁘고 슬픈 아버지가 작은아들을 품에 안는 장면을 그린다.
이 작품은 재회의 격정보다는 렘브란트 특유의 사색적 특징을 띤다.

/

렘브란트 판 레인, 〈돌아온 탕자〉

1661-1669년경, 캔버스에 유채, 262x205cm, 예르미타시 미술관

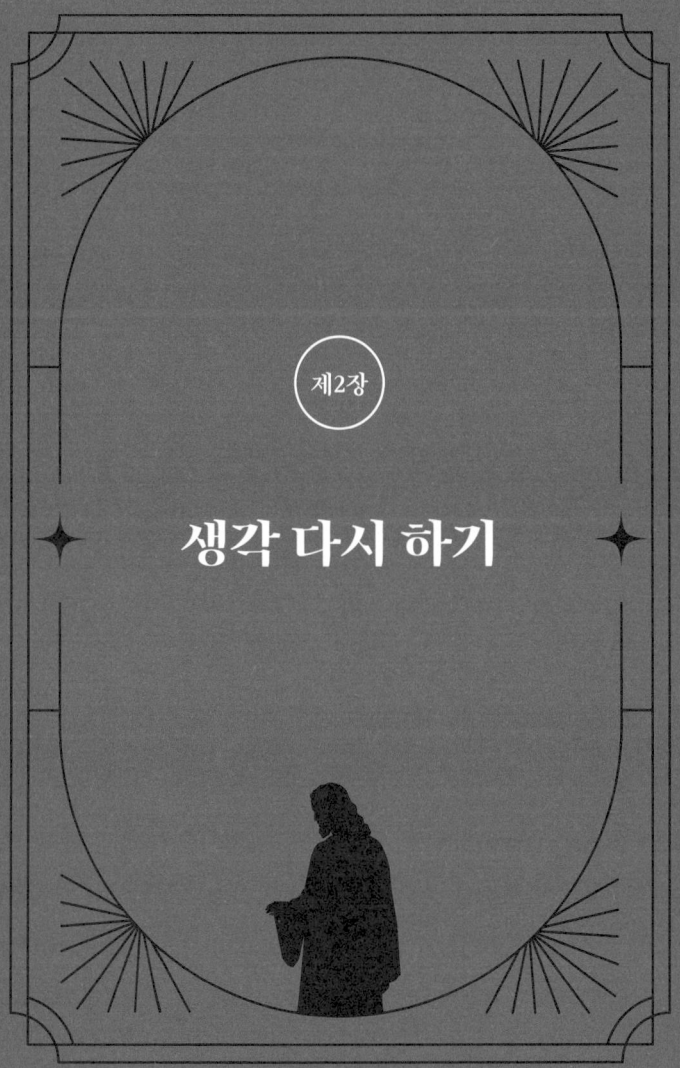

제2장

생각 다시 하기

072

응원과 지지의 말 1

마음 둘 데 없어 오직 하느님만을 바라볼 수밖에 없는 사람들,
응원합니다. 지지합니다.
더할 나위 없이 행복한 겁니다.
하느님이 돌보고 지키고 세우는 질서를 그들이 누릴 겁니다.
그들이 새 질서의 열매를 얻을 겁니다.

- 마태복음 4:3

073

응원과 지지의 말 2

불의에 슬퍼하고, 악한 체제에 좌절한 사람들,
응원합니다. 지지합니다.
더할 나위 없이 행복한 겁니다.
지금껏 경험하지 못한 위로를 받게 될 겁니다.
그들의 슬픔과 좌절에서 새 힘이 날 겁니다.

- 마태복음 4:3

074

응원과 지지의 말 3

권력이 있다고 약자를 함부로 부리지 않고,
재산이 있다고 가난한 사람을 종처럼 대하지 않으며,
명예가 있다고 누추해 보이는 사람을 깔보지 않는 온유한 사람들,
응원합니다. 지지합니다.
더할 나위 없이 행복한 겁니다.
그 영향력이 더 커집니다.

- 마태복음 4:5

075

응원과 지지의 말 4

정의에 굶주리고 목마른 사람들,
응원합니다. 지지합니다.
더할 나위 없이 행복한 겁니다.
그들이 정의로 배부를 겁니다.
넘치는 정의의 강물로 속 시원해지고,
정의의 열매로 배부를 겁니다.

- 마태복음 4:6

076

응원과 지지의 말 5

마음 따뜻한 사람들,
응원합니다. 지지합니다.
더할 나위 없이 행복한 겁니다.
하느님이 그들을 따뜻하게 대하실 겁니다.
사람들도 그들을 따뜻하게 대할 겁니다.

- 마태복음 4:7

| 077

응원과 지지의 말 6

마음 깨끗한 사람들,
응원합니다. 지지합니다.
더할 나위 없이 행복한 겁니다.
그들이 하느님을 볼 겁니다.
욕심 없이, 편견 없이 사물의 본질을 볼 겁니다.

- 마태복음 4:8

078

응원과 지지의 말 7

평화를 이루는 사람들,
응원합니다. 지지합니다.
더할 나위 없이 행복한 겁니다.
그들이 하느님의 자녀라 불릴 겁니다.
분쟁이 나면, 싸움이 격렬해지면
사람들은 그를 찾아가 지혜를 달라고,
중재해달라고 요청할 겁니다.
그러면 바로 그가 지도자입니다.
그가 통치자입니다.

- 마태복음 4:9

079

응원과 지지의 말 8

나 때문에 모욕과 박해와 모든 비방을 당하는 여러분,
응원합니다. 지지합니다.
더할 나위 없이 행복한 겁니다.
기뻐하고 즐거워하십시오.
여러분의 보상은 하늘에 있습니다.
아주 큽니다.
여러분이 우러러보는 예언자들이 이같이 박해를 받았고,
또 보상을 받았습니다.

- 마태복음 4:11

080

대체할 수 없는 사람들 1

그대들, 땅의 소금!
소금 외에 짜게 할 수 있는 것은 아무것도 없지요.
소금이 대체재가 없듯,
누구로도 그대들을 대체할 수 없습니다.
그러나 쓸모 잃은 소금,
그저 밖에 버려져 사람들에게 밟힐 뿐.
본디 그것이 소금이 아닌 것임을 보여줄 뿐이오.

- 마태복음 5:13-19

081

대체할 수 없는 사람들 2

그대들, 세상의 빛!
빛 또한 대체할 수 있는 것은 아무것도 없습니다.
그대들이 그러하오.
산 위에 있는 도시가 숨겨지지 않듯,
등불을 켜서 그릇으로 덮어두는 사람은 없습니다.
등경 위에 두어 집 안 모든 사람을 비추지요.
이같이 그대들의 빛을 사람들 앞에 비추십시오.
그대들의 착한 행동을 보고,
사람들이 하늘에 계신 아버지께 영광을 돌리도록 하십시오!

- 마태복음 5:13-19

082

진정으로 구해야 할 것들 1

너무 가난해서 배가 고프면,
너무 부유해서 배가 넉넉하게 부르면
우리는 인간다움을 잃을 것 같으니,
하느님! 우리에게 하루 치 먹을 밥을 주세요.
하느님을 잊게 하는, 사람다움을 상실하게 하는
가난함과 부유함이 우리 옆에 있게 하지 마세요.
부유함과 가난함이 성공과 실패의 기준이 되지 말게 하소서.

- 마태복음 6:11

083

진정으로 구해야 할 것들 2

기근에 시달리고 병에 걸려 빚을 냈는데, 그 빚의 이자가 원금의 몇 배입니다. 빚을 진 옆집 야고보가 가족과 함께 야반도주한 것을 하느님은 아시지요? 집도, 땅도 넘어가고 자기와 가족 몸마저 노예로 팔아야 할 상황이 되자 고향과 친척을 떠나 유랑자, 홈리스가 되었습니다.

하느님, 야고보도 불쌍하고, 저도 그처럼 될까 봐 전전긍긍합니다. 내일도 일거리가 없으면 이자를 갚기는커녕 우리 아들 하루 한 끼 줄 밀가루도 살 수 없습니다. 사는 것이 고됩니다. 주님, 우리의 빚을 없애주세요. 원금의 몇 배를 가져가는 이자 놀이꾼들에게 삶을 뜯기고 삽니다.

하느님, 우리 빚을 탕감할 길이 없을까요? 아, 그러니 저도 제게 빚을 졌다는 사람들을 흘겨보는 눈길부터 고쳐야겠네요. 가끔 이 인생의 고됨을 하느님께 불평하면서 다른 사람들의 고통은 쉽게 생각해버리고 있었네요.

- 마태복음 6:12

084

진정으로 구해야 할 것들 3

하느님, 우리 삶에 시련을 주지 마세요.
그렇지 않아도 하루하루 버티는 것을
하느님께서는 잘 아시잖아요?
우리를 시시때때로 괴롭히는 저 악한 놈들에게서
우리를 구원해주세요.
우리가 그들의 종노릇하러 태어난 것도 아닌데,
날마다 그들의 평안과 기쁨과 부유함을 위해
우리는 도구처럼 사용됩니다.
우리는 아들 생각에 머리를 조아리고,
딸을 염려하며 무릎을 꿇지만
우리 아들딸도 그렇게 살 것이 뻔해 눈물을 흘리며
하느님께 기도합니다.

우리 삶에 더는 시련을 주지 마세요.
우리를 악한 놈들에게서 구원해주세요.
그리고 우리도 악한 놈들처럼 되게 하지 말아주세요.

- 마태복음 6:13

085

먼저 마음을 써야 할 것

삶의 우선순위가 있습니다.
우리는 대부분 우리의 먹을거리, 마실 거리, 입을 거리를 걱정하지요. 생존 문제를요.
하느님, 곧 하늘에 계신 분은 이 모든 것이 여러분에게 필요하다는 것을 알고 계십니다.
그런데 생존 문제가 최우선이라고 여기고 여기에 급급한 사람들이 그 문제를 해결하고 있나요?

여러분은 먼저 하느님이 다스리는 질서와
그분의 정의를 구하세요.
세상이 바로 서면 생존에 필요한 것들이 따라오지 않겠습니까?
근본적인 것을 찾으면 부차적인 것은 따라오지 않겠습니까?

- 마태복음 6:31-33

086

나의 기준으로 상대방을 평가하지 말라

다른 사람을 그대가 만든 기준으로 평가해대는 사람이 되지 마세요. 누군가 그대를 그의 잣대로 이렇게 저렇게 비판한다고 상상해보세요. 내 처지도 상황도 의도도 모르면서 제멋대로 하는 그 비판이 내게 도움이 될 리 없지요.

마찬가지입니다. 서로가 각자의 기준으로 다른 사람을 평가하고 비난한다면 우리는 얼마나 서로를 잔혹하게 대하는 것인가요! 얼마나 서로에게 어리석은 짓을 하는 것인가요!

- 마태복음 7:2b

087

열매와 나무

지도자인 양 다가오는 거짓된 사람들을 면밀히 살피세요.
그들은 따뜻한 미소와 도움을 주는 듯하지만
속여서 생명을 빼앗으려는 속셈이 있는 이들입니다.

그들을 구별하는 방법은 간단하지요.
그들이 삶에서 어떤 열매를 거둬왔는지 살펴보면 됩니다.
거짓 지도자들은 가시나무와 엉겅퀴 같아서
열매를 맺지 못합니다.
그저 가시와 날카로운 것으로 사람들에게 상처를 내지요.
반대로 무화과나무나 포도나무는
비와 바람과 더위와 추위, 그리고 강한 햇빛을 모두 견디면서
사람들을 먹일 열매를 맺지요.

좋은 나무가 좋은 열매를 맺고,

나쁜 나무가 나쁜 열매를 맺는 법이지요.

좋은 열매를 맺지 않으면서 지도자인 양 하는 사람들은

결국 심판을 받게 됩니다.

여러분은 지도자의 말과 미소가 아니라

그들이 맺은 열매를 보세요.

그대의 경우도 마찬가지입니다.

그대가 누구인지 알려면 그대가 거둔 열매를 보세요.

- 마태복음 7:15-20

088

상대의 실수를 고쳐주려 할 때

다른 사람의 사소한 실수는
독수리가 먹이를 낚아채듯 알아보는 시력을 가진 그대!
자신 안에 있는 큰 잘못은 발견하지 못하는군요.
그런 상태로 사소한 실수를 한 사람에게
내 조언을 들으라고, 충고를 해주겠다고 나서니 안타깝습니다.

살펴보세요.
다른 사람은 사소한 실수를 한 것이고
그대는 큰 잘못을 했습니다.
먼저 스스로 살피세요.
뉘우치고 성찰하세요.
이후에야 비로소 다른 사람이 한 일을
정당하게 평가할 수 있습니다.

- 마태복음 7:3-5

089

신앙의 본질 1

내 가르침을 주술처럼 받아들이는 사람이 있습니다.
나를 '주님, 주님'이라고 부르면서,
온갖 기적적인 일에 매몰된 사람들이지요.
그들은 앞날을 내다본다고 하고, 악마를 내쫓고,
많은 기적적인 일을 행한다고 주장하지요.
그런데 내가 진심으로 가르치고자 하는 것은
내 이름으로 신기한 일을 행하라는 데에 있지 않습니다.
그들은 하느님의 질서 속에 살고자 하는 이들이 아니라
현 질서 속에서 명예와 이득을 추구하는 이들일 뿐이지요.

- 마태복음 7:21-23

090

신앙의 본질 2

내가 여러분에게 가르치고자 하는 것은
하늘에 계신 하느님, 곧 부모님과 같은 그분의 뜻을 헤아려
그것을 실행하는 사람입니다.

내 이름으로 기적을 행한다고 하지만
내 가르침과는 상관없는 그들은 내 제자가 아닙니다.
나는 그들이 정말 내 제자인지 모르겠어요.
그들이 내 이름을 도용하는 것이라 말하는 편이 낫겠네요.
중요한 것은 사람들이 깜짝 놀랄 만한 기적을 일으키는 것이 아닙니다.
하느님이 내려주신 사랑의 법을 실행하지 않는 사람들,
내게서 멀리 떨어지기를 바랍니다.
신앙의 본질은 기적이 아니라 사랑입니다.

- 마태복음 7:21-23

091

타고난 혈통을 자랑하는 어리석음

여러분은 여러분이 유대아 사람으로 태어났으니 하느님이 여러분을 돌보고 우선적으로 혜택을 주리라고 믿습니다. 그러나 그것은 어리석은 생각입니다. 하느님이 내리는 사랑은 혈통을 따르지 않습니다. 내세울 것이 누구의 자손이라는 것밖에 없는 사람들일 뿐입니다. 보세요. 엘리야 때에 사별한 여인들이 이스라엘에도 많았습니다. 그때 3년 6개월 동안 비가 내리지 않았고 기근이 크게 들었지요. 하느님은 자신의 예언자 엘리야를 시돈에 사는 외국인 여인에게 보내 그를 도와주었습니다. 엘리야의 후계자 엘리사 때 이스라엘에 악성피부질환을 겪는 환자들이 많았지요. 그러나 하느님은 외국인인 시리아 사람 나아만을 고쳐주셨습니다.

하느님은 좋은 혈통을 따지는 분이 아닙니다.

타고난 것을 자랑하는 사람만큼 어리석은 사람도 없습니다.

- 누가복음 4:24-27

092

삶을 바꾸는 것은 기적이 아니라 삶의 자세

내가 새벽에 나가 기도할 때 그대들은 나를 찾아내 "모두들 선생님을 찾아다닙니다"라고 알려주었습니다. 그들은 내가 전하고자 하는 말씀이 아니라 기적만을 원하고 있습니다. 그러나 나는 그들에게 가지 않고 다른 곳으로 가겠습니다. 기적이 사람을 바꿀 것 같지만 그것은 일시적이지요. 사람 마음속에 심어진 말씀이 결국 변화를 이룹니다. 하여 나는 다른 여러 작은 마을로 찾아다니면서 악의 세력이 끝나고 하느님이 승리하신다는 말씀을 선포할 겁니다.

사람들은 기적을 바라지만, 정말 우리를 바꾸는 것은 새로운 삶을 사는 데에 있습니다. 기적술사로서 나를 찾아다니면 결코 나를 만나지 못할 겁니다. 나는 말씀을 전하러 다른 마을로 갈 것이니까요. 기적이 아니라 말씀을 듣고 싶은 사람들에게 갑니다.

- 마가복음 1:38

093

맥락에 맞게 행하라

요한의 제자, 그리고 바리새파 그대들은 금식을 정기적으로 행하는데 왜 나와 함께하는 사람들은 금식하지 않느냐고 묻습니다. 금식의 목적을 생각해보세요. 그것은 세상의 모든 것을 제쳐두고, 심지어 식욕마저 물리치며 하느님과 함께 있으려는 거지요? 내 제자들은 나와 함께 있습니다. 그러니 그들은 지금 금식할 때가 아니라 잔치를 해야 할 때지요.

금식이라는 위대한 행위도 적절한 맥락에서 행해질 때라야 의미가 있어요. 금덩어리가 제아무리 좋아도 그것을 밥그릇에 담아 먹을 수는 없잖아요?

- 마가복음 2:19-20

094

심판자로 살 것인가 아니면 치유자가 될 것인가

법률가 여러분은 내가 왜 동족의 피를 빨아먹는 세금징수업자나 죄인들과 어울려 밥을 같이 먹는지를 따지고 듭니다.
그들은 하느님의 법을 멀리하고, 돈에 눈먼 사람들이니 '우리'가 아니라 적대해야 할 '그들'이라고 비판하지요.
여러분에게 그들은 그렇게 보일 겁니다.
여러분은 스스로 영혼이 건강한 사람이라고 생각하고, 그들은 병든 사람들이라고 여길 겁니다.

그런데 그렇게 심판자로 살 겁니까?
만약 의사가 있다면 그 의사는 누구에게 가야 하나요?
건강한 사람입니까? 아니면 병든 사람입니까?

여러분이 죄인과 세금징수업자라며 멀리한 이들이야말로,
여러분의 말대로 병든 사람들이 아니겠습니까?
그러므로 나는 그들과 함께하며 그들을 치유하고 싶습니다.
나는 치유자로 살 겁니다.

- 마가복음 2:17

095

전통을 따져 묻다 1

어떤 전통과 제도가 생길 때는 그만한 이유가 있습니다.
특별히 하느님의 이름으로 제정된 것은 더 그러하지요.
안식일도 그러합니다.

그날은 단순히 사람이 일을 하지 않고 쉬는 날이 아닙니다.
하느님의 창조가 이루어 놓은 기쁨과 즐거움을 누리면서
우리 삶을 근원적으로 긍정하는 시간입니다.
하느님의 창조는 인간을 창조한 6일째가 아니라
하느님과 인간, 그리고 자연이 창조의 복을 누리는
안식의 창조에서 완성된 겁니다.
안식을 지킨다는 의미는 바로 이러합니다.

그러니 나와 함께하는 사람들이 밀밭 사이를 지나면서 굶주린 나그네에게 허락된 밀알을 거두어 먹는 일을 탓하지 마세요.
사람이 안식일 제도를 지키라고 창조된 것은 아니지 않습니까?
그날에 더불어 창조의 기쁨을 누리도록 하는 일이 안식일 정신입니다.
전통이 생겨난 그 이유가 중요하지요.

- 마가복음 2:27

096

전통을 따져 묻다 2

당신들은 또 나를 노려보면서 내가 안식일을 어기는지 아닌지
꼬투리를 잡으려 하는군요.
안식일에 우리가 회당에 모이는 이유는
하느님을 예배하기 위해서입니다.

그런데 여기에 한쪽 손을 못 쓰는 사람이 있습니다.
네, 이 장애는 분초를 다투는 급한 일은 아니지요.
그런데 여러분은 안식일에 내가 그를 고치면
큰 잘못을 범한 것으로 고발하려 듭니다.
나는 그렇게 하려는 당신들이 참 딱합니다.
당신들은 이 일이 급한 일인지 아닌지,
안식일에 할 수 있는 일인지 아닌지를 따지려 합니다.

그러나 나는 손에 장애를 입고 흘렸던 이 사람의 눈물을,
그 마음을 보려 합니다.
그도 이 안식일에 창조의 기쁨을 온전히 누려야 하지 않겠습니까?
전통이 생겨난 그 이유를 생각하세요.

- 마가복음 3:4

097

전통을 따져 묻다 3

손에 장애를 당한 그대여,
일어나 가운데로 나오세요.

나를 고발하려는 당신들에게 묻습니다.
안식일에 할 수 있는 일과
할 수 없는 일을 나누는 기준은 무엇인가요?
나는 선한 일을 하고자 하는데,
당신들은 이 일을 반대하나요?
나는 기회가 되면 안식일에도 죽어가는 사람의 목숨을 구하고 싶은데,
여러분은 그렇게 하지도 않으려 하나요?
당신들이 어떻게 생각하든 나는 안식일 정신을 구현할 겁니다.

손 때문에 인생을 저주했던 그대여,
손을 내 쪽으로 내밀어보세요.
그대의 믿음이 그대를 구원할 것입니다.

- 마가복음 3:5

098

새 술은 새 부대에

옷이 해져서 그것을 기우려고 할 때
새 천 조각을 덧대어 꿰매는 사람은 없습니다.
그러면 덧댄 새 천 조각이 낡은 옷을 잡아당겨서
심하면 찢어질 수도 있으니까요.
또 낡은 가죽 부대에 새 포도주를 담는 사람도 없습니다.
새 포도주가 발효되어 부피가 커지면
탄성을 잃은 낡은 가죽은 늘어나지 못하고 터져버리게 됩니다.
부대도 망가지고 포도주도 쏟아집니다.
새 포도주는 새 가죽 부대에 담지요.
하느님의 나라가 시작되는 이때에
이전 것을 고쳐 쓴다고 생각하시나요?
낡은 시대에 새 신앙을 담을 수 없습니다.
새 신앙은 새로운 구조가 필요합니다.

- 마가복음 2:21-22

099

스스로 멸망할 사람들

하느님의 법을 다룬다는 자칭 지식인들이 내가 악마의 도움을 받아 여러 기적을 일으킨다고 말합니다. 내 배후 세력이 악마들의 대장이라는 겁니다. 몹쓸 사람들! 내가 그대들에게 묻겠소. 악마집단이 내분을 일으킨다면 사탄의 권력은 유지될 수 있겠소? 같은 집안사람들이 서로를 공격하고 쫓아내면 그 집안이 온전하겠소? 내가 악마를 쫓아내는 것이 대장 악마의 힘을 빌려서 한다니 말이 되지 않습니다.

그들은 사실을 보고도 마음을 바꾸려 하지 않습니다. 도리어 자기 고집대로 사실을 왜곡하고, 진실에 눈 감지요. 그들을 설득할 수 있을까요? 아닙니다. 그들은 스스로 멸망할 것입니다.

- 마가복음 3:23-26

100

맡겨야만 할 것

하느님의 나라를 이렇게 말할 수 있습니다.
어떤 사람이 땅에 씨를 뿌리고 그저 자고 일어나면서 하루하루를 지냈습니다. 뿌려진 씨의 운명을 걱정하면서 안절부절하지도 않고요. 그사이 씨가 싹트고 자라났는데 정작 그 사람은 그렇게 되고 있는지도 알지 못했지요. 그는 씨를 뿌린 일조차 잊었는지도 모릅니다. 혹은 어느 곳에 뿌렸는지 기억하지 못했을 수도 있지요. 땅은 씨가 저절로 열매를 맺게 했는데, 처음에는 싹이 돋고 다음에 이삭이 패고 마침내 이삭에 알찬 밀알이 맺혔습니다.
그런데 사실 씨를 뿌리는 사람이 그 이상을 어떻게 할 수 있겠습니까? 마침내 열매가 익었고 그 사람은 추수 때가 되어 낫을 들고 수확을 하였지요.

그러니 하느님 나라가 어떻게 자랄 수 있을까, 내가 하는 일에 보람이 없으면 어떻게 될까를 염려하지 마세요.
그것은 여러분의 손을 떠난 씨앗과 땅이 알아서 할 겁니다. 그저 낙관하며 혹은 잊어버린 듯 기대 없이 기대하는 가운데 씨를 뿌리세요. 열매가 맺힙니다.

- 마가복음 4:26-29

101

잘 안다는 생각의 어리석음

고향에 와서 여러분에게 하느님의 말씀을 가르치고 기적을 일으키니 여러분은 그 말씀을 듣고, 기적의 의미를 새기기보다는 내가 어디서 이런 지혜와 지식을 얻었고, 기적을 일으키는 능력이 어디서 나왔는지를 궁금해하고만 있습니다. 내가 이전에 육체노동자였고, 내 어머니가 마리아며 내 형제가 야고보, 요셉, 유다, 시몬으로 별 볼일 없는 사람인데 어떻게 저럴 수 있는지 의아해합니다.

그대들이 아는 이전의 내가 나의 전부인 줄 착각하는 그대들, 그래서 지금의 나를 이해하지 못하고 받아들이지 못하는 그대들, 그대들이 가진 이전의 생각이 그대들의 앞길을 가로막는군요. 하느님의 일을 하는 사람은 어디서나 존중을 받습니다만, 정작 그 예언자를 잘 알고 있다는 고향 사람들, 친척들, 심지어 그 가족만은 예언자를 예언자로 알아보지 못하니 안타깝기만 합니다.

어떤 사람은 누군가를 잘 알고 있다고 착각하고
다른 사람에게 존중받는 사람을 깔보는 일은
언제라도 일어납니다.

- 마가복음 6:1-6

102

누가 나의 가족인가

내가 악마에 사로잡혔다는 풍문을 듣고
나의 어머니와 형제들과 누이들이 잡으러 왔다고 합니다.
내가 여러분에게 말하고 싶습니다.
누가 내 어머니이고 내 형제자매들인가요?
같은 피를 나누면 혈육, 곧 가족이라고 말합니다.
혈육의 가족을 함부로 무시하라는 것은 아니지만
나는 지금 여러분을 둘러보고 이렇게 말하렵니다.
자, 여러분이 내 어머니이고 내 형제자매들입니다.
가족이란 삶과 죽음, 기쁨과 슬픔을 함께하는 것이지요.
단지 피가 아니라 하느님의 뜻을 같이 나누고
같이 행하는 사람이어야 참된 가족이 될 수 있습니다.
내 어머니와 내 형제자매는 밖에 있지 않습니다.
바로 하느님의 뜻을 나누고 살아갈 여러분이 내 가족입니다.

- 마가복음 3:33-35

103

인간의 가르침과 하느님의 가르침 1

이사야 예언자가 하느님의 가르침은 외면하면서 인간이 만든 전통은 중요하게 여기는 사람들을 비판한 적이 있지요. 입술로는 하느님의 뜻을 따른다고 하면서 정작 마음은 저기 멀리 떨어져 있다고요.

진짜를 가짜로 치환하는 것은 사기가 아닌가요?
더군다나 하느님의 말씀을 인간의 가르침으로 치환하면
그보다 더 큰 죄가 어디에 있답니까?
사람들에게 모조품을 진품으로 속이는 것과 다를 바 없습니다.

- 마가복음 7:6-9

104
인간의 가르침과 하느님의 가르침 2

모세는 아버지와 어머니를 잘 모셔야 한다고 가르치면서 부모님을 함부로 대하는 사람은 반드시 처벌해야 한다고 말했습니다. 모세가 하느님의 말씀을 잘 전한 것이지요.
그런데 바리새파와 법률가 당신들은 이 가르침을 어기는 전통을 말합니다. 어떤 사람이 부모님의 생계를 위해 지원할 물품을 "어머니, 아버지 두 분께 드리려고 했던 것을 하느님께 예물로 바쳤습니다"라고 하면 별문제가 없다고 가르칩니다.

하느님은 음식도 옷도 살 집도 필요 없습니다.
당신들은 하느님이 원하지도 않고 필요하지도 않은
제물을 바치면 그것으로
부모 부양의 의무가 없어진다고 말합니까?

당신들은 하느님을 뜻을
당신들의 왜곡된 가르침으로 대체하고 있어요!
왜곡하지 마세요.

- 마가복음 7:10-13

105

높은 자리를 원하는 당신에게 1

그대들은 높은 자리를 차지하고 싶나요?
무엇을 하려고 그 자리를 차지하려 하나요?
다른 사람들 위에 군림하고 싶은 것,
내 앞에서 쩔쩔매는 사람들을 보는 것이 그대의 욕망인가요?
그렇다면 불쌍한 사람입니다.

그대는 옆에 친구가 아니라 종을 두고 싶어 하는 것뿐입니다.
그러나 친구가 주는 기쁨이 종이 주는 것보다
훨씬 더 크지 않은가요?
그대는 무엇 때문에 높아지고 싶은가요?

그대들은 차라리 다른 사람을 섬기는 사람이 되고자 하세요.
그러면 어느 사이에 그대는
주위 사람들에게 높이 칭찬받는 사람이 됩니다.

최선을 다해 종과 같이 친구를 섬기는 사람이
가장 큰 영향력을 누리게 되지요.
종이 아니라 친구를 얻게 되니까요.

- 마가복음 10:43-44

106

높은 자리를 원하는 당신에게 2

나와 함께하는 제자 여러분,
나는 이 세상에서 군림하는 통치자처럼 사람들을 착취하며
억눌러서 종처럼 부리려고 하지 않습니다.
도리어 반대입니다.
나는 종처럼 내가 사랑하는 사람들을 섬길 겁니다.
그들의 아픔을 돌보고, 눈물을 닦고,
그들이 소리쳐 호소하는 것들을 귀담아들을 겁니다.
그리고 그들을 위해 나를 내놓을 겁니다.
심지어 내 목숨도 내놓을 겁니다.

놀라운 진리가 있습니다.
내 목숨을 내놓으면 많은 사람은 그것을 통해서
자유를 얻게 되는 진리입니다.

온갖 고통과 악에 얽매인 사람들이
내가 목숨을 다해 섬기고 헌신하는 것을 통해
자유를 얻게 될 겁니다.
그것이 내가 하려는 것이지요.

- 마가복음 10:45

107

무성한 잎, 그러나 열매 없는 나무

아침에 베다니에서 나와 예루살렘을 향해 갈 때 나는 깊은 허기를 느꼈지요. 잎이 무성한 무화과나무가 보여 걸음을 재촉해 그 나무로 갔지요. 열매를 기대하면서요. 그런데 잎만 무성하지 허기를 채울 열매는 단 하나도 보이지 않는군요. 열매를 맺을 때도 아니면서 잎을 무성하게 내어 사람들을 기만하는군요. 꼭 지금 예루살렘에서 우리가 느끼는 영혼의 허기를 채울 수 있다고 약속하는 그들 같군요.

이 무화과나무가 열매를 맺지 못하듯 예루살렘의 그들도 사람들의 허기를 채울 열매를 맺지 못합니다. 진리를 제공해줄 듯 기만하는 그들, 그들에게 기대하고 마지막 힘을 내어 찾아가지만, 실망만 거듭할 뿐이라면 그들은 멸망해야 합니다. 잎만 내면서 열매 없는 삶이라면 피할 수 없는 운명이지요.

- 마가복음 11:12-14

108

무성한 잎, 그러나 열매 없는 나무에 대한 심판

새벽에 잎만 무성했던 무화과나무가 뿌리까지 말라버린 것을 본 베드로, 그대가 내게 말했지요. 내가 저주한 무화과나무가 말라버렸다고요. 제아무리 크고 멋지고, 게다가 잎이 무성하여 열매를 맺을 수 있다고 과시하지만 정작 어떤 열매도 없는 무화과나무는 저렇게 말라버립니다.

이와 같이 예루살렘이, 로마 제국이, 이 세상의 억압적인 질서가 영원할 것 같고 절대로 변하지 않을 철옹성 같지요? 마치 예루살렘에 자리 잡고 있는 저 산과 같이 변하지 않을 것 같지요?

내가 마음을 다해 말합니다. 우리 모두가 새로운 세상이, 새로운 하느님의 질서가 온다는 믿음을 가지고 살아가면 저 엄청난 산도 바다에 빠져 흔적도 없이 사라질 겁니다. 제아무리 견고하다고 자랑하여도 무너질 것은 무너지고야 맙니다.

- 마가복음 11:20-25

109

무성한 잎, 그러나 열매 없는 나무를 넘어서

예루살렘 신전에서 하느님께 제사를 드리면
복이 저절로 온다고 믿지 마세요.
하느님은 제사를 원하시는 분이 아닙니다.
소와 양으로 제사를 지내봐야 아무 소용도 없습니다.

대신 하느님 앞에서 진실하세요.
정의와 평화와 자비를 간구하는 기도를 하세요.
그리고 간절한 마음으로 살아가세요.
하느님의 용서를 구하면서 그대도
누군가를 용서할 수 있는 마음을 가지세요.

하느님은 용서할 마음이 없는 사람을 용서하는 바보가 아닙니다.
자신의 잘못은 용서해달라고 요청하면서
다른 사람의 잘못은 보복하겠다고 하면
그 요청이 정당하겠습니까?

- 마가복음 11:20-25

| 110

하느님에게 돌려드려야 할 것은 무엇인가? 1

법률가와 바리새파 사람들, 권력을 잡은 헤롯을 따르는 당신들이 와서 나를 곤란하게 만들 질문을 하는군요. 나를 참되고 어느 누구의 눈치도 보지 않는다고 공치사를 하고는 로마 황제에게 세금을 바쳐도 괜찮은지, 그렇지 않은지를 묻고 있군요. 내가 세금을 내라고 하면 그대들은 내가 하느님 외에 다른 왕을 섬기는 것을 허락한 사람이라고 몰아붙이겠지요. 반대로 내가 세금을 내지 말라고 하면 로마 당국에 말해 로마의 지배를 거부하는 선동꾼이라고 고발하겠지요. 사람 눈치를 보지 않는다는 말을 먼저 하는 것을 보니 내가 세금을 내지 말라고 말하기를 기대하는 모양입니다. 합법적으로 나를 제거하기 편하니까요.

나는 묻고 싶습니다. 왜 그렇게나 열심히 배운 하느님의 말씀을 당신들이 싫어하는 사람들을 옭아매는 데에 악용합니까? 왜 당신들은 로마 제국의 위력에 쩔쩔매어 순응하면서, 다른 사람이 당신들이 품은 불만을 거침없이 말해주기를 기대합니까? 당신들은 무엇을 위해 배우고, 무엇을 위해 용기를 내려 합니까?

- 마가복음 12:13-17

III

하느님에게 돌려드려야 할 것은 무엇인가? 2

당신들의 질문에 이렇게 답하겠습니다.
여러분이 세금으로 내는 로마 주화 데나리온을 가져와보세요. 나는 그 주화가 없습니다. 말이 끝나자마자 그대들은 로마의 데나리온을 가지고 오네요. 그러고 보면 어떤 주화도 없는 나는 세금을 내고 말고 할 것도 없고, 세금 문제는 늘 데나리온을 탐내는 그대들 문제이겠지만, 그 주화에 새겨 있는 얼굴과 이름은 누구의 것인가요? 그렇지요. 카이사르의 겁니다. 그 돈은 주인인 카이사르에게 돌려주세요.

같은 이유로 하느님의 것은 하느님에게 돌려드리는 것이 마땅하겠지요? 그런데 여러분은 하느님에게 돌려드릴 것이 무엇이라고 생각하나요?
하느님의 것은 무엇인가요?

- 마가복음 12:13-17

112

기만하는 법률가들과 그들의 희생자 1

하느님의 법을 안다고 내세우면서 그분의 뜻을 알려주겠다는
법률가, 아니 법률주의자들을 조심하세요.
그들은 사실 명예와 돈을 원하는 이들입니다. 그들이 하는 짓을
보세요. 권위를 과시하기 위해 긴 예복을 입고 다니고, 사람 많
은 곳에서 고개 숙여 인사받기를 즐깁니다. 사람들이 모인 공공
장소에서는 귀빈석에 앉으려 하고, 잔치라도 벌어졌다 하면 가
장 명예로운 자리를 차지하려고 하지요.
그것뿐인가요. 그들은 아무도 보호해줄 사람이 없는 여인들,
특히 남편 잃은 여인의 재산을 법을 악용하여 가로챕니다.
그러고는 하느님께 길게 기도하면서 경건한 척까지 합니다.
그들은 무시무시한 하느님의 심판을 받게 될 겁니다.
그들이 하느님의 법을 안다고 주장한다 해도
그들의 말이 아니라 그들의 행동을 보고 판단하세요.

- 마가복음 12:38-44

113
기만하는 법률가들과 그들의 희생자 2

종교를 악용해 가난한 사람의 재산을 털어가는 일은 여기 예루살렘에서도 버젓이 벌어집니다. 신전 헌금함을 보세요. 그곳에 여러 사람이 헌금을 하지요.

큰돈을 넣는 부자가 있습니다. 없는 사람들이 보기에는 큰돈이지만 그 부자에게 그 돈은 있어도 없어도 생존에 문제가 되지 않습니다.

그런데 보세요. 남편과 사별한 저 여인, 가진 재산이라고는 얼마 되지도 않는데, 그것을 전부 헌금함에 넣는군요. 부자가 넣은 헌금보다 절대액수는 적지만 저 여인은 누구보다 많이 헌금했지요.

하느님은 돈이 필요한 분이 아닙니다.

하느님은 그 여인의 마지막 돈을 헌금함에 넣기를 바라지 않으세요.

아, 이렇게 타락한 종교는 가난한 이를 집어삼키는군요.

그러니 조심하세요.

거룩한 명분에 속아 삶을 희생하지 마세요.

- 마가복음 12:38-44

114
중요한 것을 덜 중요한 것으로 대체하지 말라

해 질 녘 다양한 환자들이 내게 와서, 내가 그들을 고쳐주면서 사람을 사로잡은 악마 역시 쫓아냈더니 그것들이 "당신은 하느님의 아들이다!"라고 소리쳐대는군요. 그것들이 여러분에게 내가 누구인지 알리는 것을 나는 달가워하지 않습니다. 나는 그것들을 꾸짖으면서 말하지 말라고 하였지요. 그것들은 내가 병든 사람들을 고쳤다는 것에만 시선을 몰리게 하면서 기적 너머에 있는 하느님의 뜻을 보지 못하게 합니다.

그것들은 진리로 가는 길에 놓인 덜 중요한 것에 매달리게 해서 정작 진리로 나아가지 못하도록 방해하지요.

- 누가복음 4:40

115

남 앞에 나서기 전에

다른 사람의 지도자라고 자처하는 사람이 있다면 들어보세요.
그대들은 정말 나아갈 길을 알고 있나요?
아니면 자신조차 지도를 받아야 할 사람인데 앞장서겠다고 하나요?

잘 생각하세요.
지도자는 자기뿐만 아니라
다른 사람의 운명에도 결정적인 영향을 줍니다.
그러니 제대로 분별할 능력이 없는 사람이
다른 사람의 지도자인 양 자처하다가는
둘 다 큰일이 나지 않겠어요?

- 누가복음 6:39

116

메시아가, 구원자가 누구라고 생각하는가

내가 제자인 그대들에게 묻고 싶습니다.
사람들이 나를 누구라고 하나요?
사람들은 나를 세례자 요한이라고도, 또 예언자 엘리야라고도,
예전 예언자 가운데 한 사람이 다시 살아났다고도 한다지요?
그들이야 통념에 따라 이렇게 저렇게 말하는 것뿐이지요.
나는 그대들이 나를 어떻게 생각하는지가 궁금합니다.
그대들은 나를 누구라고 생각하나요?
베드로, 그대가 나를 '하느님의 그리스도'라고 답변하는군요.
잘 대답했습니다.

그런데 이 사실을 아무에게도 말하지 마세요.
사람들이 오해하는 것과는 달리 하느님의 그리스도,
구원자는 늘 승리하고 정복하는 군대 장군 같은 사람이 아닙니다.
도리어 사랑을 위해 자신을 낮추고,
대신 고통받고, 같이 울어주는 사람입니다.
연약해 보이고 무력해 보이지만 사랑으로 이기는 사람입니다.
그것을 깨닫지 못하는 사람들에게
괜히 나를 그리스도라고 말하면 혼란에 휩싸일 뿐이지요.

- 누가복음 9:18-21

117

비밀이라는 말에 현혹되지 말라

내가 여러분에게 가르치는 것은
사교(邪敎) 집단이 숨겨둔 비밀 같은 것이 아닙니다.
여러분은 내 가르침과 삶으로 등불을 켜서 그릇으로 덮거나
침대 아래에 두어서 마치 그것이
소수의 사람만 접근할 수 있는 비밀처럼 감추어두지 마세요.

나의 가르침은 누군가가 감추려 해도 환히 드러날 겁니다.
나의 가르침을 통해 하느님을 알게 된 사람은
나날이 그 지식을 더하겠지만,
내 가르침을 왜곡하여 이해한 사람은
자신이 알고 있는 것조차 이상한 방향으로 받아들일 것이니
참 비극적인 일입니다.
'소수의 비밀' 같은 것에 현혹되지 마세요.

- 누가복음 8:16-18

118

새로운 잔치에는 성별의 차별이 없다 1

그대, 마르다. 나와 내 일행을 환대하고 집으로 초청하고 잔칫상을 차려주어 고맙습니다. 그대, 마리아. 내가 집에 들어와 하느님의 뜻을 가르칠 때 바로 내 발 앞에 앉아서 그 말을 경청하는 모습을 보니 참 아름답습니다.

지금 우리 사회에서는 밥 차리는 일은 사소한 일이라며 여자가 하는 것이고, 하느님 말씀을 누리는 일은 중요한 일이라며 남자가 할 일이라고 하지요. 어리석습니다. 성별을 떠나 두 잔치에 모두 참여할 수 있습니다. 각자가 좋은 일을 하며 잔치를 성대하게 할 수 있습니다.

- 누가복음 10:38-42

119

새로운 잔치에는 성별의 차별이 없다 2

마르다, 나와 일행을 맞이하고 잔칫상을 차리느라 마음이 분주하군요. 내가 가르치는 도중에 마리아를 찾으며, 말씀 듣는 것을 멈추고 함께 밥을 차리게 해달라고 요청하는군요. 마르다, 우리를 대접하려는 그 고마운 마음 잘 압니다. 힘에 부쳐 동생을 찾아 함께하려는 마음도 충분히 이해합니다. 그런데 마르다, 졸이는 그 마음 잠시 내려놓아요. 밥은 조금 있다가 먹어도 되고, 반찬은 간단히 차려도 됩니다.

이 잔치에는 그대가 차려주는 밥도 있고, 또 내가 차려 함께 나누는 하느님의 말씀 잔치도 있습니다. 마리아는 내가 차리는 말씀 잔치에 참여하고 있으니 동생이 참여한 것을 나무라거나 빼앗지 마세요. 고마워요, 마르다. 우리를 잘 대접하려고 애써줘서. 서둘지 말고 준비하세요. 그러면 나도 그대가 애써 마련한 밥상의 잔치에 기뻐하며 함께하겠습니다.

- 누가복음 10:38-42

120
예수 그리스도에게 묻고자 하는 것은 무엇인가?

그대는 내가 하느님 나라에 관해 가르치고 그 나라의 시민답게 살아가는 것을 가르칠 때 내게 와서 아버지가 남긴 유산을 공평하게 나눠달라는 요청을 그대의 형에게 해달라고 하는군요. 랍비라는 사람들이 그런 것을 하니 나도 그런 일들을 한다고 생각했던 모양이지요?

그러나 나는 유산을 나누는 일을 하는 사람도 아니고, 여러분의 그런 문제를 해결해주고 싶지도 않습니다. 만약 여러분이 모세와 함께 있다고 한다면 그 문제 해결을 해달라고 할 겁니까? 소크라테스와 함께 있어도 역시 그런 요청을 할 겁니까?

여러분의 삶에서 가장 중요한 질문을 가지고 내게 오세요.

- 누가복음 12:13-14

121

삶을 보장하는 것은 재물이 아니다 1

어느 곳에 지주가 있었습니다. 그해 농사가 아주 잘 되어서 농작물이 산더미처럼 되었지요. 이 부자는 기쁘고 스스로 대견했습니다. 이 많은 농산물을 어떻게 할지를 두고 행복한 고민을 하게 되었지요. 여러분이라면 어떻게 하겠나요? 그는 축적하기로 합니다. 곳간을 헐어서 더 크게 짓고 모든 곡식과 좋은 물품들을 그곳에 모으기로 한 것이지요. 계획대로 거대한 곡식 창고를 짓는 일은 잘 되어갔지요. 그랬더니 이제 저 깊은 곳에서 만족감과 행복감이 몰려왔습니다. 그는 거울을 보고 독백을 했습니다.

"너 참 잘했다! 이제 평생 쓸 돈이 마련되었으니 꿈꾸던 생활을 해봐야겠다. 일단 그간 열심히 일했으니까 푹 쉬고, 아끼느라 맛보지 못한 산해진미를 먹어야겠다. 술은 무조건 고급술만 마셔야지. 그런 술을 제대로 즐기려면 술 공부도 하고 말이야. 그러고 나서? 즐겨야지! 여행도 하고, 좋은 연극도 보고, 내가 음악을 좋아하니 아예 전용 악단을 하나 만들어서 내가 원할 때마다 음악과 춤을 즐겨야겠어. 이번 기회에 집도 넓히고 말이야."
그는 내일부터 자기 꿈이 이루어지는 날이 펼쳐질 것이라 기대했지요. 그러나 하느님은 그에게 이렇게 말씀하셨어요.
"어리석구나! 오늘 밤에 너의 목숨이 다한다고 생각해보기는 한 것이냐? 네가 자랑스러워하는 그 재산은 누구의 것이 될까?"
우리는 축적하는 데에 모든 마음을 쏟는 어리석음을 똑똑하게 알아야 합니다. 넉넉한 재산이 우리의 삶을 보장하는 것은 아닙니다. 그것은 그저 재산일 뿐입니다.

- 누가복음 12:16-21

122
삶을 보장하는 것은 재물이 아니다 2

재물이 자기 삶을 보장해주는 것으로 착각한 사람들이 있지요.
그래서 재물 축적에 온 마음과 시간을 쏟습니다.
그런데 정말 사람의 안녕이 재물에 달려 있답니까?
그렇지 않지요.
그것은 내가 '가진' 것이고, 그래서 나와 분리된 무엇입니다.
그것이 내 생명을, 삶의 의미를 보장하지 않아요.
반면 내가 그 재물을 가지고 하느님과 이웃을 위해
적절하게 사용한다면 그것은
하느님을 '사랑하는 나', 이웃을 '사랑하는 나'가 됩니다.
삶의 초점이 어디에 있어야 할지를 잘 생각해보세요.

- 누가복음 12:16-21

123
비극은 더 큰 죄인에게 일어나는가?

헐레벌떡 들어오며 그대들이 전한 소식이 충격적이네요. 로마의 필라투스 총독이 갈릴래아 사람들을 학살하고 그들이 바치려던 제물에 그들의 피를 섞어버렸다니요. 천인공노할 악행입니다. 그런데 그대들이 그 끔찍한 소식을 전하면서 비극을 당한 그 사람들에게 무슨 큰 죄가 있어서 그런 일이 그들에게 닥쳤는지를 알고 싶어 하다니요! 그들이 누구보다 더 큰 죄를 지어서 그런 일을 당한 것이 아닙니다. 평화로 가는 길이 무엇인지 몰라 오판하고 행동한다면 악한 통치자에게 누구나 당할 수 있는 비극입니다. 누군가의 실패가 그대가 지금 잘 하고 있다는 것을 보여주는 것이 아닙니다.

- 누가복음 13:1-3

124
나는 안온함을 주려 온 것이 아니라 분열을 일으키러 왔다

내가 그대들을 고통에서 건져내고, 질병을 치료하고, 지친 이들과 소외된 이들에게 용기를 불어넣어준다고 해서 오해하지 말아야 할 것이 있습니다. 내가 그대들에게 그저 안온함을 주려고 한다고 오해해서는 안 됩니다. 나는 그대들이 좋은 게 좋은 것이라고, 괜한 분란을 일으키지 말자고, 위험을 무릅쓰느니 타협하자고 쉽게 말하지 않았으면 합니다.

내 속마음을 말하지요. 나는 안온함이 아니라 분열, 분란, 분쟁을 일으키고 싶습니다. 서로 모른 척 눈감아 주었던 불의에 이의를 제기하는 사람이 되세요. 늘 그래 왔던 관례라며 그저 참는 게 좋다는 사람들의 조언을 반박하세요. 권력자의 불의이지만 견딜만하니 모른 체하는 것이 좋다고, 모난 돌이 정 맞으니 웬만하면 타협하자고 하는 이들의 충고를 비판하세요.

아버지와 아들이 싸우고, 어머니와 딸이 분란을 겪고, 시어머니와 며느리가 분쟁하는 상황이 펼쳐지면 어쩔까 주저하지 말고 진실을 진실대로 밝혀야 합니다. 진리를 향해, 사랑이 밑바탕이 된 비판과 분쟁을 두려워하지 마세요.

- 누가복음 12:51-53

125

재난을 당한 사람들은 죄를 지어서인가?

얼마 전 실로암 마을에 있던 탑이 사고로 무너져 열여덟 명이 숨지는 비극이 일어났지요. 어떤 사람들은 그들이 죄를 지어서 일어난 일이라고 말하더군요. 죄인이라고 해서 사고를 당한다면 어느 누가 사고에서 벗어날 수 있겠어요. 예루살렘 사람들보다 그들이 더 큰 죄를 지어서 그런 사고가 벌어졌다는 바보 같은 추측은 집어치우세요. 탑이 붕괴되는 사고가 일어나면 그것이 누구의 책임인지를 명백하게 밝혀야 하지만, '왜' 그런 일이 일어났냐고 물으면서 '죄인'을 창조해내면 안 됩니다. 그 사고를 당한 사람들, 그 유족들을 위로하는 일이 먼저지요.

- 누가복음 13:4-5

126

거래가 아니라 선물로 사는 길 1

그대는 바리새파 지도자인데 여러 오해를 무릅쓰고 나와 내 일행을 초대해줘서 고맙습니다. 만찬 자리에는 초대받은 손님으로 감사의 인사를 해야 하니 몇 마디 해도 되겠지요?

그대가 앞으로 잔치를 벌일 때 그대와 친구들을 부르지 마세요. 친인척이나 부자 이웃들도 부르지 마세요. 그대가 그들을 부르면 그들은 그 초대에 반드시 답례를 하고 싶어 하겠지요. 그렇게 해서 그대와 그대를 초대할 수 있는 사람들 사이의 관계는 돈독해질 수 있지만, 그것은 거래가 되고 말 겁니다. 줄 것은 주고, 받을 것은 받는 관계에서는 호혜를 뛰어넘는 은혜와 사랑을 체험하기 어렵지요. 그러나 우리는 준 것 이상으로 받고, 사랑하는 것보다 더 사랑받지 않았나요? 호혜를 넘어설 때 깊이 있는 새로운 관계가 형성되지요.

- 누가복음 14:12-14

거래가 아니라 선물로 사는 길 2

호혜를 넘어서 사세요.
거기에 기쁨이 있습니다.
만약 잔치를 열게 된다면
지금까지 부르던 사람들의 얼굴은 잠시 잊고
그대를 잔치에 초대할 수 없는 형편의 사람들을 초대해보세요.

멋진 음식을 한 번도 맛보지 못한 사람,
굶주려서 허기만을 면해도 감사한 사람,
장애가 있어서 제대로 대접받지 못하고 천덕꾸러기 처지로
살아가는 사람, 앞을 못 보아 자기의 삶을 저주하는 사람 등.
잔치 다운 잔치에 초대 다운 초대를 받지 못한 사람들을
초대해서 극진히 대접하면 어떨까요?

아마 그들은 이 일을 평생 잊지 못하겠지요.
마음은 간절해도 그들은 그대를 초대할 여력이 없으니
그저 그대의 삶을 위해 기도하며,
그대에게 초대의 마음을 열어준 하느님을 찬양할 겁니다.

하느님은 그들의 기도와 찬양을 기억하시고,
정의로운 사람들이 의로운 부활을 할 때
그대의 그 마음 씀씀이를 갚아주실 겁니다.
잔치로 거래를 하지 말고, 잔치로 감격을 만들어내봅시다.
되받을 것을 계산하지 말고,
퍼져나갈 사랑의 마음을
가치 있는 것으로 여겨봅시다.

- 누가복음 14:12-14

128
그대는 그대가 무슨 일을 하고 있는지 알고 있는가?

'해골'이라고 불리는 곳에 당신들은
나를 끌고 와서 십자가에 못 박습니다.
그러나 나는 당신들을 미워하지 않습니다.
저주하지도 않습니다.
도리어 당신들을 용서해달라고 기도합니다.
당신들은 자신이 무엇을 하는지 알지 못합니다.
인간은 미련하여 자기가 무슨 일을 하는지
그 의미를 제대로 알지 못합니다.
인간은 자신이 하는 일이 어떤 맥락에서
어떤 결과를 낳을지도 모르고
그저 욕망에 따라, 생각나는 대로, 관례에 따라
말하고 행동하지요.
그러면서 자신도 모르는 사이에 더 큰 악을 저지르고 말지요.

그러니 나는 이렇게 기도합니다.
"아버지, 저 사람들을 용서해주십시오.
그들은 자신이 무슨 일을 하는지 알지 못합니다."

- 누가복음 23:34

129

사람은 신뢰의 대상이 아니다

내가 기적을 많이 일으키니 사람들이 나를 믿는군요.
나를 신뢰하고 내게 기대려 하지만
나는 그들에게 내 삶을 맡기지는 않습니다.
나는 사람들을 압니다.
사람들은 믿음의 대상이 아니지요.
믿을만한 대상이 아닌 사람을 믿으면
스스로 실망하고 좌절할 뿐이지요.
나에 대해서 누군가
"그는 위대한 사람이고 하느님의 아들이다"라고
증언해줄 필요도 없습니다.
그렇게 증언하는 사람이라도
언제라도 등을 돌릴 수 있으니까요.
사람 속에 무엇이 있는지 나는 잘 알고 있습니다.

- 요한복음 2:23-25

130

뿌리지 않은 것을 거두기

여러분은 곡식을 수확하면서
기쁨도 느끼고 일을 한 대가도 받습니다.
거두어들이는 사람은 자신이 큰일을 한다고 여기지만
그 곡식의 씨앗을 뿌린 사람이 따로 있다는 것을 잊지 마세요.
여러분이 알 수도 있는 혹은 모르는 누군가가
씨앗을 뿌렸고 나무를 심었습니다.
이후에 여러분이 거두어들인 것이지요.

거두어들이는 사람은
뿌리고 심은 사람의 노력과 수고를 기억해야 합니다.
뿌리고 심는 사람은
후에 누군가가 거두면서 느끼는 그 기쁨을 바라볼줄 알아야 합니다.

- 요한복음 4:37-38

| 131

내가 누구인지 말해주는 것

내가 누구인지 말로 밝히면 그것을 믿기 어렵겠지요. 그대들은 진리로 타오르며 밝게 빛나는 등불인 세례자 요한에게 가서 그를 존경하며 그의 증언을 들었습니다. 그는 나를 메시아라고 증언했지만, 사실 나는 그의 증언도 필요하지 않습니다.

말이, 증언이 내가 누구인지를 보여주지 않습니다.
하느님이 내게 하라고 하신 일들,
그래서 내가 하고 있는 그 일이
내가 누구인지를 정확하게 알려줍니다.

- 요한복음 5:31, 34-36

132

사람들에게 인정받는 데에 매몰되지 말라

그대들이 어떻게 참된 하느님을 믿을 수 있겠습니까?
그대들 관심이 오로지 서로에게 인정받으려는 것뿐인데요.
우리는 동시대 사람들과만 함께 사는 것이 아니지요.
하느님에게서, 영원에서, 역사에서 오는 영광을 따라야 합니다.
시간이 지나면 쓰러져갈 사람들의 인정과 칭찬에
인생을 걸지 마세요.

- 요한복음 5:44

133

무엇을 위해 배우는가 1

내가 가르치고 있을 때, 율법학자와 바리새파 당신들은 한 여인을 데리고 내게 왔군요. 당신들은 부적절한 성관계를 하는 현장에서 이 여인을 붙잡았다고 말합니다. 이상하군요. 그렇다면 그 남자도 같이 데려와야 하는 것 아닌가요? 그 남자는 도망갔소? 아니면 그대들이 감히 데리고 올 수도 없는 사람인가요? 함부로 해도 보호해줄 사람이 한 명도 없는 여인을 끌고 온 것이 아니오? 당신들은 이 여인을 가운데 세워두고 내게 따지듯이 묻고 있소.

"선생님, 이 여자가 부적절한 성관계를 하다가 현장에서 붙잡혔습니다. 모세는 이런 여자는 돌로 쳐 죽이라고 했습니다. 선생님, 어떻게 할까요?"

당신들이 모세의 제자라고 자처한다면 그것을 왜 내게 묻는 거요? 그냥 당신들이 믿는 대로 돌로 치시오! 그런데 그렇게 하지 않고 왜 내게 묻는 거요? 당신들은 자신을 보호할 수 없는 여인을 끌고 와 나를 곤란하게 하려는 도구로 써먹고 있으니, 이 여인보다 당신들의 죄가 더 크다고 할 수 있지 않겠소?

- 요한복음 8:1-11

무엇을 위해 배우는가 2

배웠다는 당신들이 이 여인을 끌고 와 내 앞에 두고, 내가 "이 여인은 부적절한 성관계를 저지르는 죄를 범했으니 돌로 칩시다"라고 하면 함부로 사형을 선동했다고 로마 제국 당국자에게 알리려 하고 있소. 또 내가 돌로 치지 말라고 하면 모세의 법을 따르지 않는 무법자라고 유대아 사람들에게 떠들어대려고 하오. 아, 하느님의 말씀을 배워 고작 이 가련한 여인과 당신들에게 못마땅한 나를 사로잡기 위해 사용하니 참담할 뿐이오. 당신들의 질문에 숨은 의도의 저열함, 나아가 한 여인의 목숨을 도구화해서 불순한 목적을 이루려는 그 속셈에 구역질이 나오.

당신들 가운데 죄 없는 사람이, 현장에서 그 여인의 죄를 직접 목격한 사람이 먼저 돌을 던지시오. 나는 당신들의 죄악이 가득한 간계에 더는 할 말이 없소. 무엇을 위해 당신들은 하느님의 말씀을 배웠단 말이오.

- 요한복음 8:1-11

| 135

진리와 자유

그대들은 아브라함의 후손이라면서 누구에게도 종살이한 적이 없다고 합니다. 정말 그러한가요? 그대들이 자유를 누린다고 하지만 결국 욕심에 불타 죄를 지었고, 그렇게 죄를 지었다면 죄의 종살이를 한 셈이지요.

내가 한 말에 머물러 계세요. 그렇게 하면 나의 제자가 되고 진리를 알게 됩니다. 참과 거짓, 옳음과 그름, 아름다움과 추함의 밑바탕을 알게 되면 그 진리가 그대들을 자유롭게 살게 해줍니다. 아무 데도 얽매이지 않고 누구의 종살이도 하지 않지요.

- 요한복음 8:31-34

136
해명할 수 없는 고통을 마주할 때

그대들은 태어날 때부터 시각장애를 앓는 사람을 두고 내게 묻습니다. 이 사람이 이렇게 태어난 것이 부모의 죄인지, 아니면 당사자의 죄인지. 고통 속에 태어난 사람을 향해 일어난 그대들의 의문은 이 고통에 누가 책임이 있느냐는 겁니다.

대답하지요.
이 사람의 죄도, 부모의 죄도 아닙니다.
그 고통 속에서도 드러나야 할 하느님의 뜻이 있습니다.
우리는 그 사람의 고통 가운데서
그것이 무엇인지 묻고, 그것을 찾아내야 합니다.

- 요한복음 9:1-3

137
참된 지도자의 자세

좋은 지도자는 누구일까요?
그는 자신이 이끄는 사람들을 위해
자기 목숨을 내놓는 사람입니다.
나쁜 지도자는 자신이 다스리는 사람을 사랑하지 않지요.
그저 자기의 이익을 위해 지도자 일을 하는 겁니다.
그러니 힘센 적들이 몰려오기라도 하면
그는 사람들을 버려두고 달아납니다.
자기의 안위와 평안만을 바라는 거짓 목자는
그런 사람들입니다.
혹시 여러분이 지도자가 되려고 한다면 그 이유가 무엇인가요?
목숨을 내놓는 사랑이 없으면 함부로 지도자가 되지 마세요.
모두에게 불행합니다.

- 요한복음 10:11-15

138

눈앞에 두고 깨닫지 못함

베다니 마을에 사는 나사로가 병에 들었다 해서 이곳에 오니 그가 숨을 거두었다고 곡을 하는군요. 나를 사랑하고 믿는다고 하는 마르다와 마리아도 울면서 "주님이 여기에 계셨더라면 나사로가 죽지 않았을 겁니다"라고 통곡합니다.

아, 그대들! 생명을 주는 나를 앞에 두고 사람이 죽었다고 울고 있다니요! 물 한가운데서 있으면서 목말라 죽어가고, 빵을 앞에 두고도 굶주려 죽어가는 사람들을 보는 듯합니다. 약을 앞에 두고 병들어 죽어가는 그대들을 보니 애처롭습니다.
눈앞에 생명이 있습니다. 생명을 주는 사람을 앞에 두고 나사로가 죽었다고 울지 마세요. 눈앞에 해답을 두고도 문제가 어렵다고 좌절하니 답답할 뿐입니다.

- 요한복음 11:28-37

139
껍질이 부서져야 할 때

씨의 껍질은 안에 있는 생명을 보호하기 위해 단단해야 합니다.
그러나 씨가 땅에 떨어졌을 때 땅에 있는 이질적인 것,
하지만 씨의 생명을 틔울 온갖 미생물과 영양분을 얻기 위해서
껍질은 부서져야 합니다.
그래야 생명이 자라나 마침내 열매를 맺습니다.
그렇지 않고 소중한 생명을 보호한다는 생각에 사로잡혀
껍질을 단단히 하기만 한다면
정작 씨앗의 원래 목표인
싹을 틔우고 열매를 맺는 것에서는 멀어집니다.

- 요한복음 12:24

140

사람에게 실망하지 말라

나는 알고 있어요. 누가 나를 배반해서 나를 죽이는 음모를 꾸미는지. 나와 함께 지내고, 내가 준 음식을 먹고, 나의 가르침을 받아 적던 그 사람이 나를 죽이려는 사람들과 계략을 꾸밉니다. "내 음식을 나누어 먹던 사람이 내게 맞서 발꿈치를 들어 올립니다"라고 성경이 기록한 대로입니다. 내가 이것을 미리 말하는 것은 그러한 일이 있더라도 놀라지 말라는 뜻입니다. 그때가 되면 "아, 선생님은 알고도 자신의 길을 가셨구나"라고 깨닫게 될 겁니다.

내가 마음을 다해 말합니다.
가장 친하던 사람이 가장 먼저 배신해도
그것 때문에 나는 사람을 신뢰하고 사랑하는 것을
멈추지 않을 겁니다.

- 요한복음 13:18-20

141

호언장담의 헛됨

시몬 베드로, 그대는 내가 어디로 가는지 묻는군요? 그대가 나와 함께하고 싶은 마음은 알지만, 내가 가는 곳에 지금은 같이 갈 수 없습니다. 그대에게는 그럴 만한 마음의 힘이 모자라지요. 그러나 이후에 그대도 하느님과 나를 사랑하는 마음이 넘치면 따라올 겁니다.

베드로, 그대는 왜 자신이 지금은 따라갈 수 없냐며 자기 목숨이라도 내놓겠다고 호언장담하는군요. 아, 베드로! 그대는 나를 위해 목숨을 내놓는다고 하지만 설사 그대의 목숨이라도 그렇게 장담하지 마세요. 그대 역시 다른 사람과 다를 바 없이 연약한 사람입니다. 내가 쓰린 마음으로, 그러나 마음을 다해 알려주지요. 그대는 닭이 울기 전에 세 번 나를 배반할 겁니다.

사람은 자기 목숨을 걸고 맹세하고도 조변석개합니다.

그것이 사람이지요.

- 요한복음 13:36-38

142
떠남의 유익

내가 그대들의 선생이니 그대들은 계속해서 내가 남아 있기를 바라겠지요. 그러나 내가 떠나는 것이 오히려 좋습니다. 내가 떠나지 않으면 여러분을 돕는 하느님의 영이 여러분에게 오지 않습니다. 내가 떠나면 그분이 여러분에게 오시지요. 그분은 그대들에게 죄, 정의, 심판에 대해 알려주실 겁니다.

나는 여러분의 귀에 대고 말하지만, 그분은 여러분의 마음에서 말씀하시니 내 말을 흘려들을 수는 있어도 여러분 마음속에서 울려 나오는 말씀을 듣지 않을 수 없지요.

내 말 중에 여러분이 지금은 도저히 이해가 안 되고 감당이 안 되는 말은 잊으려 애쓰겠지만 마음에서 울려 나오는 말씀은 결국 곱씹게 되지요. 하여 그분은 그대들을 진리로 이끄실 겁니다.

사실 그분이 하는 말씀은 내가 하는 말이었는데도 여러분은 그것을 깨닫지 못하다가 그분을 통해 알게 될 겁니다. 아이러니하지만 내가 떠나고 나서야 내가 한 말이 이해될 겁니다. 나만 그런가요? 누군가 떠나야 그 사람을 더 잘 이해하게 되는 경우가 얼마나 많습니까.

- 요한복음 16:7-15

143

하느님을 위한다는 착각

내가 미리 말해둘 것이 있습니다. 내가 떠난 후 그대들은 지역 회당에서 쫓겨날 겁니다. 회당에서 주도권을 잡은 사람들이 여러분을 박해하고 그대들을 죽이려고 할 겁니다. 그러면서 그것이 하느님을 섬기는 일이고, 그분에게 제물을 드리는 것으로 생각하겠지요. 얼마나 끔찍한 일입니까? 하느님을 거스르면서 하느님의 일을 한다고 착각하다니요. 그러니 그들은 하느님도 모르고 나도 모른다고 할 수 있지요. 내가 미리 이런 일이 있을 거라고 말하는 것은 그대들이 이 박해 때문에 흔들려 쓰러지지 않게 하기 위해서지요. 고통의 때가 왔을 때 낙심하지 마세요. 악을 행하면서 선의 편이라고 믿는 사람들이 어디든지 있기 마련입니다.

- 요한복음 16:1-4

144

확인하고 믿으려는 도마를 수용하다

도마 그대는 내가 부활하여 제자들에게 나타났을 때 그 자리에 있지 않았지요. 그들이 그대에게 "우리가 주님을 보았네"라고 증언했지만 그대는 "내가 그분의 두 손에 못 박힌 자국을 보며 내 손가락을 그 못 박힌 자국에 넣어보아야, 또 내 손을 창에 찔린 그의 옆구리에 넣어보아야 비로소 믿겠소"라고 말했어요.
자, 이제 내 두 손을 보고, 그대의 손가락을 내 옆구리에 넣어보세요. 부활한 나를 믿게 되기를 바랍니다. 이제 그대는 나를 보고 "나의 주님, 나의 하느님!"이라고 말하는군요. 그대는 나를 보았기에 믿게 되었지요.
앞으로는 보지 않고 믿을 사람들이 있을 터인데, 그 사람들에게도 복이 있기를!
확인하고 믿으려는 그대도 복되고, 보지 않았지만 진실한 증언에 따라 믿게 된 사람들도 복됩니다.

- 요한복음 20:24-29

145

지난 잘못에 얽매이지 말라

아침을 먹고 나서 그대 베드로에게 물어볼 것이 있습니다.
베드로, 요한의 아들 시몬, 그대는 나를 사랑하나요?
나를 사랑한다고 답변하는군요.
그렇다면 내가 사랑하는 사람을 같이 사랑해주세요.

다시 묻고 싶네요.
요한의 아들 시몬, 그대는 나를 사랑합니까?
그렇다고 그대가 답변하는군요.
그렇다면 내가 돌보는 사람들을 돌봐주세요.

또 묻겠습니다.
요한의 아들 시몬, 그대는 나를 좋아하나요?
세 번을 물으니 그대가 괴로워하네요.
그러면서도 그렇다고 대답해주니 고맙습니다.
나를 좋아한다면 내가 좋아하는 사람들을 아껴주세요.

그대는 전에 세 번 나를 모른다고 저주하며 부인했지요.
이제 세 번 나를 사랑하고 좋아한다고 말했습니다.
그러니 지난 일은 잊으세요.
잘못한 일에 매이거나 후회로 가득 차 있지 마세요.
그대가 나를 사랑한다고 하였으니
내가 사랑하는 사람을 같이 사랑하시지요.
삶은 후회와 원한이 아니라 사랑의 힘으로 살아가야 합니다.

- 요한복음 21:15-17

그림 오른편에서 예수는 손짓하며 세금징수업자 마태를 부른다.
예수의 손가락은 미켈란젤로의 〈아담의 창조〉에 나온 하느님의 손가락을 닮았다.
태초에 하느님이 아담을 창조했듯,
예수는 마태를 새로운 사람으로 창조하는 셈이다.
빛이 마태에게 새로운 삶을 선사할 것이다.

/

카라바조, 〈성 마태를 부르심〉

1599-1600, 캔버스에 유채, 322x340cm, 산 루이지 데이 프란체시 성당

마르다는 빵으로 하는 잔치를 준비하고,
마리아는 예수 발 앞에서 말씀으로 하는 잔치에 참여하고 있다.

/

요하네스 페르메이르, 〈마르다와 마리아의 집의 예수〉
1654-1655, 캔버스에 유채, 60×55cm, 스코틀랜드 국립미술관

이 그림은 렘브란트를 단순히 성서 삽화가가 아니라
성서의 시각적 주석가라고 부를 수 있게 한다.
이 그림은 위와 아래의 두 층으로 나뉘어 있다.
아래층에는 희생 제물이 된 여인과
그녀를 고발하는 자들의 뻔뻔스러움이,
그리고 용서와 위로를 전하는 제사장으로서 예수가 자리한다.
위층에서는 또 다른 제사가 진행 중이다.
여인은 흰색 옷을 입었다.
렘브란트는 예수의 말에 따라 그 여인에게 죄를 묻지 않았다.

/

렘브란트 판 레인, 〈간음한 여인〉

1644, 패널에 유채, 83.8x65.4cm, 런던 내셔널 갤러리

제3장

인생 새로 보기

146
인간은 먹기 위해서만 살지 않는다

먹고사는 문제가 매우 중요하지만 "물질적 필요가 채워졌으니 이제 더 필요한 것이 없다"라고 말할 수는 없습니다. 그러한 말은 인간을 낮춰보려고 하는 악마의 입에서 나오지요.

먹고사는 문제를 넘어서 참다운 삶을 알려주는 진리를 꼭 먹어야 하는 밥처럼 여겨야 합니다. 그래야 사람답게 살 수 있습니다.

- 마태복음 4:4

147

안전이 보장되지 않아도 가야 할 길이 있다

사람들은 '안전하고 보장된 길'로 가고 싶어 합니다.
당연히 그렇지 않겠습니까?
직업도 인생도 안전하고 보장된 길을 택하려 합니다.
그런데 그러한 길은 하느님이 아니라
악마가 소개해준 길일 수 있습니다.

때로 우리는 가야만 하기에 가야 할 길이 있습니다.
희망이 이끄는 길이 있지요.
안전이 보장되지 않아도 그 길을 같이 가시지요.

- 마태복음 4:7

148
목적과 수단을 분리할 수 없다

뜻한 바를 이루어줄 권력을 준다고,
다만 자신 앞에 고개를 숙이면 된다고 하는 유혹은
악마적입니다.

고개를 숙이는 순간 실제로 성취되는 것은
처음에 품은 거룩한 뜻이 아니라
그 유혹자가 세운 계획입니다.
우리가 그에게 고개를 숙이고 충성하도록 한 셈이니까요.
그렇게 되면 처음 뜻한 바를 우리 스스로 배신한 셈입니다.
목적을 이루려고 목적을 그르치는 수단을 택할 수는 없지요.

- 마태복음 4:10

149

온전한 사람이 되라 1

흔히들 "그대의 이웃을 사랑하고 그대의 원수를 미워하라"라는 말을 합니다. 상식적으로 틀린 것이 없지요. 도움을 주고받는 이웃을 사랑해야지요. 우리의 삶을 망치려는 원수를 미워해야지요. 그렇게 하면 나는 누구의 이웃이 되고, 누구의 원수가 되겠지요.

그러니 나는 마음을 다해 여러분에게 말합니다. 여러분의 원수에게도 '너도 살 권리는 있지'라고 마음을 열어보세요. 여러분을 괴롭히는 사람들과 함께 살 수 있기를 기도해보세요. 이렇게 하면 하늘에 계신 하느님의 자녀가 되지요. 사람들이 여러분을 통치자와 철학자처럼 우러러 보기도 할 겁니다. 그러면 원수는 어느덧 이웃처럼 변하게 됩니다. 여러분의 말을 듣고, 여러분을 도울 겁니다.

- 마태복음 5:43-48

| 150

온전한 사람이 되라 2

생각해보세요.

하느님은 정의로운 사람에게 해를 비출 때, 악한 사람도 같이 그 햇빛을 누리게 하십니다.

하느님은 정의로운 사람에게 비를 내리실 때, 악한 사람도 같이 그 비의 고마움을 느끼게 하십니다.

여러분이 자신을 사랑하는 사람들만을 사랑하겠다고 한다면 그것은 자기 식구들만 챙기겠다면서 다른 사람들을 함부로 착취하고 괴롭히는 세금징수업자와 다를 게 무엇이겠습니까? 남을 착취하는 윤리를 따라 살아간다면 우리도 우리가 저주하는 그들과 다를 바 없지요.

하느님이 은혜를 베풀 때 악한 사람도 그 은혜를 맛보게 하듯, 여러분도 그렇게 해야 합니다. 그러면 하느님과 같이 온전한 사람이 됩니다.

- 마태복음 5:43-48

151
우주는 부모님의 집이다

우주가 냉혹하고 무심해 보이며, 나는 홀로 남겨진 것처럼 보이나요? 그래서 이 세상을 투쟁하면서 생존해야 한다고 느끼시나요?

아닙니다. 우주가 탄생하고, 물질이 생명을 낳고, 생명이 의식을 낳은 우주의 근원에는 우리가 아버지와 어머니라고 부를 수 있는 사랑, 곧 모든 것을 낳고 기르고 마침내 생명과 의식을 낳은 존재가 있습니다. 치열한 생존 경쟁의 장으로 보이기도 하지만 근원을 곰곰이 살피면 마음을 편히 지낼 수 있는 집이라고 부를만합니다.

안심하세요.
여기는 아버지의 집, 어머니의 집입니다.

- 마태복음 6:9a

152

그대의 진주와 보물을 소중히 생각하라

거룩한 것을 개에게 주지 말고,
여러분의 진주를 돼지 앞에 던지지 마세요.
만약 그렇게 하면 개와 돼지가 그것들을 발로 짓밟고 돌아서서
여러분을 물어뜯을 수 있습니다.
굶주린 개와 돼지가 원하는 것은 먹을 것뿐인데,
거룩한 것도 진주도 먹을 수 없는 것들이니
그것은 단지 그것들을 화나게 할 뿐입니다.

여러분이 소중히 여기는 생각, 또 지혜를
자기 욕심과 어리석음에 빠져 알아듣지 못하는 사람들을 상대로
굳이 설득하려 하지 마세요.
그들은 여러분이 아끼는 그것을 비웃거나,
심지어 이유 없이 시비를 걸고 비난하며 공격할 겁니다.

- 마태복음 7:6

153
생명으로 가는 좁은 문

많은 사람이 크고 넓은 길에 있는 크고 넓은 문은
안전하고 좋은 길로 연결된다고 믿고,
그 문을 통해 도착할 곳도 좋은 곳일 것이라고 착각합니다.
이른바 대세를 따라가는 문과 길이지요.

그러나 그렇지 않습니다.
많이 간다고 옳은 길도 좋은 길도 아닙니다.
생명으로 가는 문은 좁고, 길도 비좁고 험해서
그곳을 발견하는 사람도, 가고자 하는 사람도 적습니다.

그러나 좁고 불편해도 종착지가 생명인 길이 있습니다.
그 길을 과감히 택하고 꿋꿋하게 걸어가야 합니다.

쉽고 편한 길이 도리어
내 생명의 꽃을 죽이는 길이 될 수 있습니다.
생명으로 인도한다면
거칠고 험한 길로 난 좁은 문을 마다하지 마세요.
그리고 용기 있게 그 길을 가세요.

- 마태복음 7:13-14

154
진정한 삶을 향한 용기 1

하느님의 말씀을 공부한 그대가 내게 "선생님, 저는 선생님이 가시는 곳이라면 어디든 따라가려 합니다"라고 말하는군요. 고맙습니다. 그 결단이 대단하군요.

그런데 이것 아시나요? 여우도 굴이 있고, 하늘의 새도 둥지가 있지만, 사람의 아들은 머리 누일 곳이 없습니다. 그러니 이 길은 예상하는 것보다 훨씬 더 거칠고 불편합니다. 그래도 용기를 낼 수 있겠어요? 참삶을 살려면 그만큼의 용기가 필요합니다.

- 마태복음 8:18-22

155
진정한 삶을 향한 용기 2

제자인 그대가 내게 말하는군요.
"주님, 먼저 제 아버지 장례를 치르게 허락해주십시오."
자식의 도리 중에 부모의 장례를 치르는 것이야말로 가장 중요한 일이겠지요. 그런데 나를 따르는 길은 간혹 인지상정도 사회적 관습도 단호히 거절해야 할 때가 있습니다.
내가 만약 "죽은 사람들의 장례는 죽은 사람들이 하도록 맡겨두고, 그대는 나를 따르세요"라고 말하면 어떻게 하겠습니까? 사회의 시선과 낡은 전통과 주변의 우려를 넘어설 용기가 있나요? 그것이 필요합니다.

- 마태복음 8:18-22

156
공허와 갈피를 못 잡는 삶에 닥칠 비극

어떤 사람이 악마의 지배를 받고 있었습니다. 다행히 그 악마는 쫓겨나고 그 사람은 제정신을 차리게 되었지요. 쫓겨난 악마는 여기저기 헤매면서 사로잡을 마땅한 사람이 있는지를 찾아다녔습니다. 그러나 적당한 사람을 만나지 못했습니다. 그사이 악마에게서 벗어난 사람은 불행하게도 자신을 맡길 참된 가르침을 발견하지 못한 채 갈피를 잡지 못한 인생을 살았지요. 악마는 자신이 떠났던 그 사람에게 혹시나 하여 다시 가보았더니 그 마음에 주인이 없이 비어 있고 심지어 말끔하게 정돈까지 되어 있는 것이 아닙니까! 혼자 차지하기에는 너무 큰 곳이라 그는 자기보다 더 악랄한 일곱 악마를 불러내어 그 사람 마음에 자리를 잡고 살게 되었습니다. 악마가 떠나간 그 마음에 참된 주인을 모시지 못한 그 사람의 형편은 이전보다 훨씬 고통스러워졌습니다.

사람만 그러하겠습니까.

한 사회, 한 세대도 그렇게 될 수 있습니다.

공허와 허무에 지지 않을 진리가 우리에게 필요합니다.

- 마태복음 12:43-45

157

자신이 있어야 할 곳

이집트로부터 해방을 기념하는 절기마다 어머니, 아버지께서 저를 데리고 예루살렘으로 와주시니 감사합니다. 이제 열두 살이 되어 예루살렘에 올라오니 내게 주어진 하느님의 뜻이 더욱 분명해져요. 부모님은 집으로 돌아가는 행렬에 제가 있으리라 생각하고 하룻길을 갔다가 제가 없는 것을 아셨다고 하시네요. 그러고는 사흘 후에 제가 예루살렘 성전에 있는 것을 발견하셨다고도요. 저는 그간 이곳에서 하느님과 그분의 말씀을 깨닫기 위해 선생님들과 대화하고 토론했습니다. 그랬더니 어머니는 말씀하셨지요.

"예수, 우리가 너를 잃어버린 줄 알고 얼마나 애타게 찾았는지 아니?"

하지만 어머니, 왜 저를 찾으셨습니까? 저는 제가 있어야 할 곳에 있었어요. 먹을 것도 걱정하지 않고, 입을 것도 신경 쓰지 않고, 잘 곳도 염려하지 않고 하느님 아버지 집에 있어야 했어요. 하느님과 그분의 말씀이 있는 곳에 있어야 했어요. 그곳이 저만 아니라 모든 사람이 있어야 할 곳이 아닌가요. 다른 곳에서 저를 찾으러 돌아다니시다니요. 저는 하느님의 집에 있습니다.

- 누가복음 2:41-49

158

시기를 판단하고, 삶의 형식을 바꾸라

따져보면 오늘날 정상이라고 불리는 것들도 역사가 참 짧습니다.

그런데 우리는 그 시절이 영원할 것이라 착각하지요.

악한 세력이 힘을 떨치면서 의인이 고통을 당하고

악인이 승승장구하는 이 시대가 오래갈 것이라고 생각하나요?

그렇지 않습니다.

하느님은 절대악이 최종적으로 승리하게 두지 않지요.

지금이 바로 하느님이 통치하려 하는 때입니다.

그러니 용기를 냅시다.

이제까지 악한 세력이 만든 세상에서 살던 습관을 버리고

새로운 삶의 방식을 택합시다.

하느님이 승리하신다고 믿읍시다.

- 마가복음 1:15

159

사람을 건져내라

그대들은 바다에 그물을 던져 물고기를 건져내면서 생계를 이어 나갔습니다.
내가 그대들에게 다른 삶을 제안해보려고 합니다.
나를 따르세요.
나를 따르면서 고통 속에서 발버둥 치며 사는 사람들을
그 고해(苦海)로부터 건져내봅시다.

- 마가복음 1:17

160

혐오를 받았던 그대도 다시 살아갈 수 있다

심한 피부병을 앓고 있는 그대가 그간 살아오면서 당한 상처가 단지 피부에만 있겠습니까? 사람들이 그대를 더럽다고 또 냄새 난다고 피했고, 우리의 법도 그대가 다른 사람과 함께 어울려 살지 못하도록 했지요. 내게 와서 그대는 "선생님이 원하시면 저를 깨끗이 고쳐주실 수 있습니다"라며 간청했습니다. 저는 그대가 회복되기를 바랍니다. 그래서 사랑하는 사람과 같이 정을 나누며 살기를 바랍니다. 그대의 몸이 치유되었습니다. 이 일을 아무에게도 말하지 마세요. 다만 우리 법에 따라 제사장에게 가서 몸이 깨끗하게 된 것을 보여주고 예물을 드리기만 하세요. 기적에 사람들이 호들갑 떨지 않게 해주세요. 오직 그대의 삶이 회복되었다는 점에 주목하도록 해주세요.

- 마가복음 1:44

161

삶의 목적을 다시 조정하라

그대는 알패오의 아들 레위, 로마의 세금징수업을 하기로 마음을 먹었지요. 그것이 동족들로부터 비난받을 만한 일이라는 것은 알았지만 내 가족을 먹여 살릴 수 있다면 그깟 욕이야 감당할 수 있다고 여겼겠지요. 압제자 로마에게 부역하는 일이라는 것도 알았지만 어쩔 수 없는 상황이라고도 핑계를 대었을 겁니다.

그러나 현재의 그대 모습이 정말 그대는 아닙니다. 그대는 지금 비록 통행세를 걷는 곳에 앉아 있지만, 마음에서 우러나는 소리를 억누르려고 애쓰고 있지만 당신은 거기에 있을 사람이 아닙니다.
나를 따라오세요!
같이 갑시다!

- 마가복음 2:14

162

악마의 칭찬을 원하지 않는다

사람들에게 기생하면서 사람을 착취하려는 악하고 더러운 영들아! 너희가 나를 볼 때 내 발 앞에 엎드려 "예수, 당신은 하느님의 아들이십니다!"라고 외치는구나. 그러면 내가 우쭐해댈 줄 아는 모양이지? 아니! 나는 너희들의 속셈을 모르지 않는다. 병에서 놓이거나 악마에게서 벗어난 사람이 회복되고 그들이 자신의 삶에서 기쁨을 느끼게 하기 위해 내가 왔다. 내 이름을 공공연하게 드러내려는 것은 결국 나를 방해할 뿐이다. 내 이름이 드러나는 것을 원하지 않는다. 나는 내게 맡겨진 일을 하는 것뿐이다. 어리석은 자들은 너희의 꾐에 속아 자기 이름을 드높이려 하지만 그것은 바보 같은 짓일뿐!

- 마가복음 3:12

163

예수가 하려던 것 1

여러분, 안식일에 내가 자란 나사렛 회당에 오니 참 좋습니다. 회당 예배에서 이사야 예언자의 글을 내게 읽으라고 권해주어서 고맙습니다. 이것은 우연이 아니지요. 읽겠습니다.
"주님의 영이 내 위에 내리셨네. 나에게 특별한 일을 하라는 의미에서 내게 기름을 부으시네. 특별한 일이란 다른 것 아니지. 가난한 사람들에게 기쁘고 좋은 소식을 알리라는 것이지. 그것을 위해 하느님이 나를 보내셨네."

그렇지요.
내가 하려는 일은 권력과 재력, 명예를 누리는 사람을 기쁘게 하는 것이 아니라 가난한 사람까지 기뻐할 좋은 소식을 전하라는 것이지요.
여러분은 누구를 기쁘게 하려고 합니까?

- 누가복음 4:16-20

164

예수가 하려던 것 2

이사야 예언자는 또 메시아라면 마땅히 이런 일을 하리라고 예언했습니다.
"사로잡혀 자유가 없는 사람들을 풀어주라네. 앞을 못 보는 사람들의 눈을 보게 하고, 사리 판단을 못 해 어리석게 사는 사람들의 지혜를 깨우치라네. 짓눌린 사람들을 자유롭게 하라네."

맞습니다.
나는 이런 일에 관심이 있습니다.
여러분은 무엇에 마음을 쏟고 있나요?
무엇이 여러분을 매혹합니까?

- 누가복음 4:16-20

165

예수가 하려던 것 3

이사야 예언자는 또 메시아라면 마땅히 이런 일을 하리라고 예언했습니다.

"아! 주님이 은혜를 베푸시는 해, 곧 빚진 삶, 노예의 삶, 빼앗긴 삶을 되찾아 새롭게 조율된 세상에서 다시 살라고 허락하신 은혜의 해를 선포하라고 하시네. 지금이 바로 은혜의 해라네."

여러분 들으셨나요?
이 말씀은 다른 때에 다른 장소에 주신 말씀이 아닙니다.
이 예언의 말씀이 오늘 여기에서 이루어졌습니다.
그대로 이루어졌습니다. 내가 이 일을 이루려고 합니다.
그대는 무엇을 하며 인생의 바다를 건너가려 하나요?
나와 함께하지 않으실래요?
혼돈과 분열의 소음을 조율된 화음으로 같이 만들어가시지요.

- 누가복음 4:16-20

166
악마를 내쫓다

너의 이름이 무엇이냐?
컴컴한 죽음의 터전에서 살며,
누구도 그 광기를 묶을 수 없었고
어떤 쇠사슬로도 묶지 못하는 너의 이름이 무엇이냐?
밤낮없이 무덤과 산에서 소리를 지르며
자기 몸을 돌로 찢는 가학과 자학을 일삼는
너의 이름이 무엇이냐?
더러운 영, 사람에게서 나가라!

- 마가복음 5:1-9

167

남의 일이 아니라 그대들의 일이다

내 말을 들으려 모여든 남자 어른들만 5천 명쯤 되는군요. 내 제자인 여러분은 날이 어두워지고 외떨어진 이곳에서 모인 사람들을 흩어 보내라고 합니다. 그들이 굶주려 있는데도 말이지요. 그대들은 그들을 먹일 수도 보호할 수도 없다면서 말이지요.

그러나 내가 분명히 말하고 싶어요. 바로 그대들이 그들에게 먹을 것을 주세요! 여러분은 엄청난 음식을 어떻게 공급하냐고 되묻지만 먼저 그대들이 가지고 있는 빵이 얼마나 있는지 살펴보세요. 내 일이 아니라며 혹은 감당할 수 없다고 누군가에게 미루지 말고, 모인 사람들이 알아서 할 것이라고 쉽게 생각하지 말고 그대들이 줄 수 있는지 살펴보고 그들을 먹이세요. 그대들이 먹이세요.

- 마가복음 6:37-38

168
참된 인생에서 고난은 불가피하다 회피하지 말라

그대들은 나를 세상을 구할 그리스도라고 고백했습니다. 그러니 이제 그대들에게 그리스도인 내게 어떤 일이 일어나야 하는지를 알려주겠습니다. 먼저 나는 많은 고난을 겪어야 합니다. 그리고 현재 권력을 누리는 사람들 곧 원로들과 대제사장들과 법률가들에게 쓸모가 없다는 판정을 받고 버려져야 하지요. 마침내 그들이 나를 사회의 위협으로 여겨 사형을 시키겠지요. 그렇습니다. 이것이 하느님의 대리인으로서 구원자가 겪을 운명입니다. 세상을 고통으로부터 구원하려면 그것을 구원하고자 하는 사람은 고통당할 것을 운명으로 알아야 하지요. 부당한 사형도 감내해야 합니다.

그러나 이것이 끝이 아닙니다.

정의와 사랑은 결코 죽일 수 없습니다.

죽고 3일째 되는 날, 그리스도는 부활할 겁니다.

- 마가복음 8:31

169

사랑과 희생이 없는 삶이란 없다

그리스도가 고난을 당하고 죽임을 피할 수 없다고 하니까 제자 중에 제일 앞서가는 베드로, 그대가 나를 나무라면서 그런 일이 있어서는 안 된다고 하는군요. 그러나 꾸중을 받을 사람은 베드로 그대입니다. 나머지 제자들, 그대들을 앞에 두고 말합니다. 베드로, 내 뒤로 물러나시오! 그런 말을 하는 그대, 보다 쉬운 길이 있을 것이라고 유혹하는 그대는 베드로가 아니라 인간을 유혹한 사탄일 뿐입니다. 그대는 진정한 구원이 사랑과 희생으로만 가능하다는 것을 정말 모릅니까? 힘과 꾀로 살길을 도모할 수 있다고 생각하지 마세요.

- 마가복음 8:33

170

부서지지 않고 갈 수 있는 삶이란 없다

내 제자들, 그리고 청중 여러분, 잘 들으세요.
누구든지 내가 가는 길을 여러분도 가고자 한다면 기억하세요.
자신의 이익과 안위와 목숨을 온전히 보존하면서
내 길을 갈 수는 없습니다.
도리어 손해와 위협과 죽음까지도 각오해야 합니다.
그러나 얼마나 역설적인가요!
자신을 보존하고자 하는 사람은 결국 실패하고,
나의 길과 구원의 기쁨을 위해 각오를 다지는 사람은
결국 그 뜻을 이루어낼 겁니다.

- 마가복음 8:34

171
참된 삶을 원한 성공한 부자의 실패 1

내가 길을 가고 있을 때 그대가 내게 달려왔지요. 그리고 무릎을 꿇었어요. 나는 아주 간절한 일이 있다고 생각했지요. 사람들에게 간절한 일이란 대개 악한 영에게 괴롭힘을 당하거나 치료가 어려운 병에 시달리거나 죽어가는 가족을 구원하는 일이지요. 그것도 아니면 풍랑이 일어 배가 뒤집히게 될 때이거나요. 그런데 그대는 내게 달려와 무릎을 꿇고 간절히 말했어요. "선생님, 제가 진정으로 살기 위해서, 하느님과 더불어 아주 깊은 영혼의 만족이 깃들도록 살기 위해서 어떻게 해야 하나요?" 나는 그 말에 놀랐어요. 그대는 생존이나 풍요의 길을 묻지 않고 영생의 길을 묻고 있으니까요. 한 사람이 무엇을 가장 간절히 바라는지, 그 욕망이 그 사람이 누구인지를 알려주지요. 그대는 아름다운 사람입니다.

- 마가복음 10:17-27

172
참된 삶을 원한 성공한 부자의 실패 2

그대가 내게 영원한 생명에 관해서 물으니 답하겠습니다. "하느님 한 분을 바라보세요. 그분에게서 나오는 참됨과 착함과 아름다움을 보세요. 그분이 주신 계명들을 지키세요. 사람의 목숨을 함부로 앗아가지도, 그의 삶을 위협하는 언행을 하지 마세요. 욕망을 절제하지 못하여 부적절한 성관계를 하지 마세요. 달리 말해볼게요. 다른 사람을 그대의 성적 욕망을 해소하는 대상으로 보지 마세요. 남의 노력이든, 시간이든, 성과든 함부로 빼앗거나 훔치지 마세요. 법이 추구하는 정의를 왜곡하려고 거짓 증언을 하거나 증거를 조작하거나 내 편을 봐주거나 힘센 사람들의 불법을 감추어주지 마세요. 다른 사람을 기만하지 마세요. 그들의 진심과 간절함을 악용하면서 그대의 이익을 챙기지 마세요. 생명을 준 부모님, 그러나 이제는 힘이 없어진 부모님을 잘 모시세요. 이 계명을 확대하여 우리와 더불어 사는 사람들, 특히 약해진 사람들이 굶거나 억울한 일을 겪게 하지 마세요."

그랬더니 그대가 대답했지요.
"선생님, 이 계명들은 어려서부터 제가 다 지켰습니다."
내가 그대를 찬찬히 보니 정말 그러하다고 느꼈습니다.
그대는 참 아름답습니다.

- 마가복음 10:17-27

173

참된 삶을 원한 성공한 부자의 실패 3

그대는 어려서부터 지금까지 누가 보아도 아름답게 살아왔습니다. 그런 사람이 아주 깊은 영혼의 갈증을 느끼고 내가 길을 갈 때 달려와 엎드리며 참다운 삶을 살아가는 방법을 물으니 더욱 자랑스럽고 멋집니다.

그러면 이제 그대가 원하는 그것을 말해볼까요? 딱 하나만이 부족한데요, 그대는 이제까지 완성된 삶을 위해 무엇인가를 더 하는 삶을 살았어요. 사회에서 성공했고, 부를 쌓았으며, 지식을 늘렸지요. 자선도 날마다 더했고, 계명들을 더 잘 지켰지요? 그렇게 가법(加法)으로 살았어요.

그러나 이제 쌓아온 모든 것을 뒤로하세요.

드디어 감법(減法)으로 살 때가 되었어요.

가서, 그대가 가진 모든 것을 다 파세요.

그것을 가난한 사람들에게 나누어주시고요.

이제 그대가 얻어야 할 보물은 하늘의 보물입니다.

그리고 나를 따라 같이 길을 걸읍시다.

여기서 자고, 여기서 먹고, 여기서 하느님의 뜻을 보고

깊이깊이 살아갑시다.

- 마가복음 10:17-27

174
참된 삶을 원한 성공한 부자의 실패 4

그렇게 아름답고 사랑스러웠던 그대가 하늘의 보물을 따라 살자는 내 말에 충격을 받고 괴로워하면서 떠납니다. 압니다. 그대가 애써서 모은 재산이 많기도 하고, 그것을 포기한다는 것은 그대 자신을 부정하는 것이겠지요.

그대는 재산을 얻는 데에 성공한 방식이 영원의 삶을 획득하는 데에도 유효하다고 생각했지요? 그렇지 않아요. 완전히 다른 거지요. 그대는 재산도 얻고, 영원한 생명도 얻고 싶지요? 때로는 그 둘이 서로 반대편에 있어서 이것을 택하면 저것을 포기해야 합니다. 그대를 보니 그 아름다운 모습에도 절대 놓치지 못하는 것이 있더군요. 그것을 상대화할 줄 알아야 그대에게 새로운 삶, 그대가 꿈꾸는 삶이 꽃핍니다.

- 마가복음 10:17-27

175
참된 삶을 원한 성공한 부자의 실패 5

나를 따르는 제자 여러분, 사업에서 성공하고, 마음이 올바르던 그 사람이 떠나갔습니다. 아! 자신의 모든 것을 걸고 사업에 성공한 그 사람의 재산이 도리어 그의 발목을 잡았군요. 진정으로 참답게 살고자 했던 그의 놀라운 결심을 무너뜨린 것이 그가 번 돈이었습니다.

그러니 부자들이 하느님과 온전히 더불어 사는 일은 얼마나 어려운지요.
저 큰 낙타가, 실눈을 떠야 보이는 저 작은 바늘귀를 지나가는 것이 오히려 더 쉬울 겁니다.

- 마가복음 10:17-27

176
참된 삶을 원한 성공한 부자의 실패 6

그대들, 내 제자들은 놀란 눈으로 '하느님에게 복을 많이 받아 부자가 된 사람이 구원을 얻을 수 없다면 누가 구원을 얻을 수 있는지'를 서로 묻고 있군요. 그대들은 누군가 재산을 많이 쌓았다면 그것을 하느님의 복으로 알고 있어요. 하느님은 누군가에게 재산을 복으로 주시지만, 그 복이 도리어 재앙이 될 수 있다는 것을 깨달아 알기를 바랍니다. 사람이라면 그가 모은 재산을 포기하기가 어렵겠지요.

그러나 하느님이 그의 마음에 감동을 주면 제아무리 부자라도 그렇게 하고 하느님과 더불어 사는 삶을 택하게 됩니다. 그가 모은 모든 재산도 혼자만의 노력으로 이루어진 것이 아니라는 것을 깨닫게 되거든요.

- 마가복음 10:17-27

177

가장 귀중한 것을 얻기 위해 그보다 덜 중요한 것을 버려야 한다

이 세상을 살면서 우리에게 꼭 필요하고 중요한 것이 있습니다.
그러나 필요하고 중요한 것 외에 결정적인 것이 있지요.
누군가 온 세상을 얻으려고 한다고 합시다.
그러나 그렇게 하려다가 자기 목숨을 잃게 된다면 그것이 무슨 소용입니까?
세상의 즐거움을 얻었지만 목숨처럼 중요한 삶의 의미와 가치를 잃고 나면 좋을 것이 무엇입니까?

- 마가복음 8:36-37

178

영원한 생명을 누리는 예수의 제자들 1

성공한 사업가가 상심해서 떠난 후 베드로 그대가 와서 제자들을 대표해 내게 말하는군요.
"선생님, 보시다시피 우리는 모든 것을 뒤로한 채 선생님을 따랐습니다."
그렇습니다. 하느님이 그대들에게 그렇게 하신 것이지요. 생각해보면 부자만이 자기 재산을 움켜쥐고 놓치지 않으려고 하나요? 그렇지 않습니다. 부자는 가진 것이 많아서, 가난한 사람은 가진 것이 없어서 포기하지 않지요. 그런데 베드로와 그대들은 집도, 형제와 자매도, 어머니와 아버지도, 자녀도, 땅도 모두 뒤로한 채 나를 따랐으니 대단합니다.

그대들은 나와 더불어, 하느님과 더불어 걷고 있는 것이지요. 하느님이 그대들을 감동하게 하신 것이지요. 누군가 사람은 두려움에 움직인다고 합니다. 또 누군가는 사람이 이득과 손실에 움직인다고 합니다. 그러나 여러분은 하느님이 주시는 감동에 움직였지요. 그대들의 삶이 기쁘기를 바랍니다. 감동과 감격이 삶의 원동력인 사람들에게 큰 기쁨과 복이 있습니다.

- 마가복음 10:28-31

179

영원한 생명을 누리는 예수의 제자들 2

그대들, 모든 것을 뒤로한 채 나를 따라나선 그대들, 지금 그대들에게 집, 형제와 자매, 어머니, 자녀와 땅이 100배로 생겼지요? 가는 곳마다 그대들에게 집을 내놓으며 쉬라고 하고, 만나는 사람마다 그대들에게 형제와 자매, 어머니가 되어 먹을 것과 입을 것을 내어줍니다. 그대들은 100명의 자녀를 얻어 100배 더 사랑하는 사람이 되었고, 그대들이 밟는 땅이 모두 그대들의 땅처럼 편하게 되었어요.

나를 따라 세상을 보는 눈이 달라지면,
세상도 여러분을 다르게 대합니다.
새로운 통찰로 새롭게 살게 되면
달라진 모든 것이 여러분을 새롭게 맞이합니다.

- 마가복음 10:28-31

180
영원한 생명을 누리는 예수의 제자들 3

새로운 통찰로 세상을 바라보면 새롭게 살 수 있습니다.
그러나 기존 질서를 유지하고, 나아가 강화하려는 사람들이
그대들을 자유롭게 놓아둔다고 기대하지 마세요.
여러분의 기쁨이 그들에게는 슬픔이 되니
그대들을 괴롭힐 겁니다.

그러나 잊지 마세요.
새로운 질서가 도래하면
기존에 맨 앞에 있던 것이 맨 뒤로 가고,
맨 아래에 있었던 사람이 맨 위에 설 겁니다.

- 마가복음 10:28-31

다시 보고 다시 살 수 있다 1

바디매오, 내가 여리고로 들어올 때 그대는 내게 소리쳤지요. 그대는 시각장애로 고통받았고, 구걸하며 지낼 수밖에 없었지요. 그런데 그대는 결코 삶을 향한 의지를 꺾지 않았어요. 그대는 "저를 불쌍히 여겨주세요!"라고 소리를 질렀고, 사람들은 그대를 저지하며 조용히 하라며 비난했지요.
그러나 그대는 굴하지 않았어요. 도리어 더 크게 소리를 질렀지요.
바디매오, 그대의 꺾이지 않는 그 의지가 멋집니다.

- 마가복음 10:46-52

182

다시 보고 다시 살 수 있다 2

바디매오, 내가 그대를 이리로 데리고 오라고 했습니다. 주변 몇몇 사람이 그대를 응원했지요.
"일어나요, 그분이 그대를 부릅니다."
그러자 그대는 겉옷을 벗으며 일어났어요. 가난한 그대에게 그것은 마지막 소유물이지요. 그것은 이불이며 구걸이 어려워 굶다가 더는 굶기 어려워지면 담보로 맡기고 돈을 빌릴 수 있는 마지막 재산이었지요. 그러나 그대는 내가 그대를 고쳐줄 수 있다고 확신했어요. 더는 그 겉옷이 그대를 보호해주지 않아도 된다고 믿은 거죠. 그대는 내게 다시 볼 수 있게 해달라고 간청했어요. 자, 그대의 간절함이, 그대의 믿음이 그대를 살게 했어요. 그런데 그대는 집으로 돌아가지도, 다시 구걸하러 그 자리로 돌아가려고도 하지 않는군요. 그러면 나를 따르세요. 완전히 새로운 삶을 다시 삽시다.

- 마가복음 10:46-52

| **183**

완전히 새로운 삶의 질서가 온다 1

이 세상이 전부이고, 다른 세상은 없다고 말하는 사두개파 당신들은 내게 부활은 어처구니없는 헛된 망상에 불과하다고 논증하고자 하는군요. 그대들은 이렇게 말합니다.

"선생님, 모세는 형사취수혼을 가르쳤지요. 한 집안에 아들이 일곱 명 있었는데 맏이가 한 여인과 혼인하였으나 자식이 없어 죽었고, 형사취수혼에 따라 맏이의 아내가 둘째 아들과 혼인을 하였으나 역시 자식이 없어 죽었습니다. 결국 그 집의 일곱째 아들까지 모두 그 한 여인과 혼인하였으나 모두 자식이 없이 죽었습니다. 마침내 그 여인도 숨을 거두었지요. 그렇다면 사람들이 다시 살아난다고 하면 일곱 형제 중 누가 그 여인을 차지하나요?"

그대들의 상상은 끔찍하군요. 지금 세상의 질서가 새로운 세상에서 그대로 반복되는 것이 아닙니다. 현재의 질서가 그대로 반복된다면 그러한 세상을 무엇 하러 바랍니까? 그대들의 부족한 상상력이 그대들의 앞길을 막고 있습니다. 한 멋진 삶을 위한 상상력이 부족하네요.

- 마가복음 12:18-27

184
완전히 새로운 삶의 질서가 온다 2

그대들은 새로운 세상을 꿈꿀 능력이 없기에
성경을 읽을 능력도 없고, 하느님의 능력도 상상하지 못하는 겁니다.
우리가 꿈꾸는 세상은 기존 질서의 확장이나 심화가 아니라
완전히 다른 질서와 삶입니다.
빈곤한 상상력으로 새로운 세상을 그리려 하다니
그대들의 머릿속에 새로운 세상은 얼마나 어처구니없겠어요.
하느님의 새 세상, 곧 사람이 죽고 부활하는 새 세상이 되면
사람은 다른 사람에게 얽매이는 삶을 살지 않습니다.
오로지 하느님과 더불어 사는 신적인 존재가 되어가는 겁니다.
가장 그답게 사는 겁니다.
누구에게 얽매이지 않지요.

- 마가복음 12:18-27

185

그대가 가장 원하는 것이 무엇인지 찬찬히 살펴보라

세례자 요한의 제자였던 그대들,

그를 버려두고 나를 따라오는 그대들,

그대들은 무엇을 찾고 있나요?

의식주가 해결되기를 바라나요?

안전을 바라나요?

돈과 명예와 권력을 원하나요?

자기 삶이 실현되기를 바라나요?

그대들은 무엇을 원하나요?

그대들이 나를 따르고자 할 때

그대들 가장 깊은 곳에 있는 그 욕망은 무엇인가요?

각자가 가지고 있는 심연에 놓인 그 욕망은 무엇인가요?

- 요한복음 1:38

186

시몬 베드로를 부르다 1

게네사렛 호숫가에 사람들이 몰려왔습니다. 군중들이 몰려와 사고가 나면 안 되니 마침 호숫가에 있는 배 두 척 중 하나에 올라탔지요. 시몬, 그대의 배였습니다. 내가 부탁했지요. 사람들이 밀치지 않게 뭍에서 조금 떨어뜨려 달라고. 시몬, 그대는 내 부탁을 기꺼이 들어주었지요. 가르치는 도중에 나는 시몬, 그대를 보았습니다. 그대는 삶의 깊은 곳에 가고자 했습니다. 그래서 나는 호숫가 깊은 곳으로 가자고 했지요. 그리고 그물을 내려 고기를 잡으라고 했어요. 시몬, 그대는 답했지요.
"선생님, 밤새 노력했지만 허탕을 쳤습니다. 그러나 선생님이 그렇게 말씀하신다면 그물을 내리겠습니다."
시몬, 호수의 깊은 곳으로 가서 그물을 던지세요. 그대의 삶 깊은 곳에는 내가 그물을 던지려 합니다.

- 누가복음 5:1-4

187

시몬 베드로를 부르다 2

시몬, 그물에 고기가 가득하네요. 그물이 찢길 듯하여 다른 배를 불러 그물을 같이 걷었더니 두 배에 고기가 가득합니다. 배가 가라앉을 정도로요. 그런데 시몬, 그대가 내 앞에 무릎을 꿇는군요.

"저에게서 떠나십시오. 저는 죄인입니다."

다른 사람들은 잡은 고기의 양에 놀랄 때 그대는 나와 그대에게 집중했습니다. 시몬, 두려워하지 마세요. 그대 삶의 깊은 곳으로 가서 그곳에 그물을 내리세요. 저 깊은 물밑에서 간신히 숨만 붙어 있는 사람들이, 절망의 끈에 단단하게 매여 희망의 산소를 숨 쉬지 못한 사람들이 한가득이에요. 그들을 건져 올려요. 그대는 허무와 비탄의 바다에 빠져 있는 사람들을 건져내야 합니다.

- 누가복음 5:5-11

188

하늘의 복을 받는 사람들 1

내가 그대들, 내 제자들을 바라봅니다.
머리를 드십시오.
가난한 그대들.
하느님이 하시는 일에 동역자가 되었습니다.
얼마나 멋진 일인가요!

- 누가복음 6:20-21

189
하늘의 복을 받는 사람들 2

내가 그대들, 내 제자들을 바라봅니다.
가슴을 펴십시오.
허기진 그대들.
그대들은 하느님의 양식으로 배부를 겁니다.
얼마나 대단한 일인가요!

- 누가복음 6:20-21

190

하늘의 복을 받는 사람들 3

내가 그대들, 내 제자들을 바라봅니다.
기쁜 일로 생각하세요.
사람의 아들, 곧 나 때문에 사람들이
그대들을 미워하고 따돌리고 비난하며
여러분을 악한 존재라고 왜곡할 때에도요.
여러분을 미워하는 사람들의 조상들도
예언자들에게 그런 수모를 주었지요.
슬퍼하지 말고 도리어 기뻐하며 즐거운 일로 생각해야 합니다.
하늘에서 보고 계십니다.
하늘에서 여러분을 섭섭하게 하지 않으실 겁니다.

- 누가복음 6:22-23

191

재앙이 내릴 사람들 1

내가 경고해야 할 당신들을 바라보고 말합니다.
재앙이 내릴 것이오.
부유한 당신들.
다른 이들이 핍절하여 쓰러질 때
당신들은 배부르고 등 따뜻했습니다.
안온했고 편안했습니다.

- 누가복음 6:24-26

192

재앙이 내릴 사람들 2

재앙이 내릴 것이오.
배부른 당신들.
다른 이들이 굶주려 허리가 굽을 때
당신들은 부른 배 때문에 허리가 펴졌소.
당신들에게 굶주림이 닥칠 것이오.

- 누가복음 6:24-26

193
재앙이 내릴 사람들 3

재앙이 내릴 것이오.
지금 웃는 사람들.
다른 이들에게는 고통과 억울함이 넘쳐날 때
모든 일이 원만하게 잘 풀려 웃는 사람들.
당신들은 슬픔에 휩싸일 것이오.

- 누가복음 6:24-26

194

재앙이 내릴 사람들 4

재앙이 내릴 것이오.

아첨을 즐기는 당신들.

사람들이 당신들에게 별것이 없다는 것을 깨달을 때

그들의 아첨은 저주로 바뀔 것이오.

그들의 조상들은 거짓 예언자를 이렇게 대했소.

- 누가복음 6:24-26

195

장단 맞출 필요 없다

누군가 여러분을 향해서 이것이 규칙이고 관습이라고 말하면서 장단을 맞춰 살라고 해도 아랑곳하지 마세요.

아이들이 피리를 불면 상대편에서 춤추고, 장례곡을 연주하면 곡을 하는 놀이가 있지요? 그런 놀이에 빗대 말하겠습니다.

그들이 우리를 향해 피리를 분다고 그에 맞춰 춤출 필요가 없습니다. 우리를 향해 장례곡을 연주한다고 통곡을 할 필요가 없습니다. 우리가 그렇게 하지 않는다고 그들이 비난해도 신경 쓰지 마세요. 우리는 그들 장단에 맞춰 살지 않습니다. 그들은 세례자 요한이 먹지도 마시지도 않는다 해서 악마 들렸다고 하고, 나는 먹고 마신다 해서 먹보와 술꾼이라고 합니다. 또 세금징수업자와 죄인들의 친구라고도 하지요.

누군가의 장단에 맞출 필요 없습니다. 꼿꼿하게 살아도 됩니다.

- 누가복음 7:31-34

196

그대의 배에는 메시아가 있는가?

그대들과 내가 같이 배에 타서 건너편으로 가고자 했지요. 아주 피곤한 날이었고, 나는 깊이 잠들었어요. 그때 거센 바람이 호수를 내리치고 물이 배로 들이쳐 가득 찼지요. 그대들 중 일부는 평생 이 호수에서 고기를 잡았지만 배가 뒤집힐까 두려움에 떨었다고 들었습니다. 깊은 잠을 자는 동안 그대들이 나를 흔들어 깨웠어요. 그렇게 다급한 그대들의 목소리를 들은 적이 없었죠. "선생님, 우리가 죽게 생겼습니다!"라고 내게 소리치듯 외치며 흔들어 대더군요. 나는 일어나 바람과 거센 파도를 꾸짖었어요. 마치 사람을 붙들어 난동을 부리게 하는 악마를 꾸짖듯이요. 바람과 파도가 멈추고 잔잔해졌습니다.

그대들에게 물을게요. 내가 깊은 잠에 들어 이 상황을 모른다고 판단이 되더라도 나와 함께 이 배에 있을 동안 내가 그대들을 보호하지 않을까요? 아직 내 일을 끝마치지도 않았는데 나와 함께 있는 이 배가 뒤집혀 모두 죽게 되리라 생각했나요?

가장 위험한 시기에도 그대의 배에 메시아가 타고 있으면 침몰을 두려워하지 마세요. 다만 그 메시아가 그대의 인생이라는 배에도 있는지 스스로 물어보세요.

- 누가복음 8:22-25

197

예수와 일흔두 명의 기쁨 1

그대들 일흔두 명을 내가 가는 길에 앞서 보내면서 당부한 여러 말들을 잘 지키고 성공적으로 다시 돌아와서 기쁩니다. 그대들의 얼굴에도 기쁨이 가득하군요. 그대들은 "주님, 주님 덕으로 악한 영들이 우리 말에 꼼짝 못 합니다"라고 자랑스러워합니다. 맞습니다. 나는 사탄이 하늘에서 번개처럼 추락하는 것을 똑똑히 보았어요. 그것들은 뱀과 전갈같이 위험하지만 그대들은 그것들을 짓밟아버렸지요. 하느님을 대적하는 세력을 물리치면서도 그대들은 상처 입지 않았습니다.

그런데 깊이 마음에 새겨야 할 것이 있습니다. 그대들이 기뻐할 것은 그 악한 영들이 복종했다는 데에 있지 않습니다. 그대들이 진정으로 기뻐해야 할 것은 하느님이 그대들의 이름을, 그대들의 헌신을 기억하신다는 점입니다.

초점은 하느님과의 관계에 있어요.

하느님이 그대들을 동역자로 인정하셨다는 점에 감격해야 합니다.

누군가를 물리쳤다는 데에 초점을 맞추지 마세요.

언제나 생명을 키우고 살리는 일에 초점을 맞추세요.

- 누가복음 10:17-20

198
예수와 일혼두 명의 기쁨 2

일흔두 명, 그대들이 하느님의 동역자로 수용되었다니
내 마음에 주체할 수 없는 기쁨이 넘칩니다.
아버지, 참 감사하고 찬양합니다.
아버지, 하늘과 땅의 주님이시지요!
아버지의 그 깊은 뜻이 계시된 사람들은
이른바 이 땅에서 지혜롭고 똑똑하다는 사람들이 아닙니다.
도리어 그들은 아버지의 뜻과 사랑을 알아채지 못합니다.
대신 오직 어린아이와 같은 사람들,
사회에서 미약하고 아둔하다는 그들,
그러나 아버지를 희망하고 기대하는 그들에게
아버지의 뜻을 드러내시는군요.

맞습니다.
이것이 아버지가 기뻐하는 일이었고,
그 일이 이루어졌습니다.
이 전복(顚覆)의 기쁨, 이 아이러니의 오의(奧義)!
그것이 우리에게도 기쁨입니다.

- 누가복음 10:21-22

199
정당한 것이라면 당당하라

여행을 하던 친구가 한밤중에 그대에게 찾아왔다고 합시다. 그런데 집에 먹을 것이 하나도 없다면 참 난처하겠지요. 여행 온 친구는 괜찮다고 하겠지만, 최소한 빵 세 개는 있어야 허기를 달랠 수 있을 정도로 하루를 꼬박 굶은 얼굴이라면 그대는 어떻게 하겠습니까? 아무리 밤이라도 한동네에 사는 다른 친구를 찾아가서 빵 좀 달라고 하겠지요. 여느 때라면 그렇게 하지 않지요. 나 자신이 저녁을 굶었더라도 그렇게 하지는 않을 겁니다. 그러나 여행 온 친구가 굶주렸다면 상황은 다르지요. 밤에 동네 친구를 찾아가 문을 두드리고 빵을 달라고 할 겁니다. 자다가 깬 동네 친구가 "애들이랑 자고 있는데 친구라는 놈이 뭔 빵을 달라고 하나!"라고 투덜대겠지만, 어떻게 하겠습니까. "굶주린 친구를 위해 한밤중에 염치 불고하고 찾아온 저놈을 그냥 돌려보낼 수는 없지. 귀찮더라도 빵을 줘야겠다"라며 투덜거리면서도 자리에서 일어나겠지요.

굶주린 친구를 대접해야 하는 일이라면,
사랑과 환대를 위한 일이라면,
정의와 평화를 위한 일이라면
뻔뻔해지고 끈질겨지고 당당해져야지요.

- 누가복음 11:5-8

200
겁먹지도 주눅 들지도 말고 여우에게 맞서기

그대 바리새파 사람들, 마치 나를 걱정하는 듯한 표정으로 내게 헤롯 안티파스가 했다는 말을 전하는군요. 그대들에 따르면 헤롯이 나를 죽이려고 혈안이 되어 있다지요? 그런데 그것이 정말 헤롯의 말입니까, 아니면 그저 나를 이곳에서 쫓아내려는 그대들의 계략입니까? 내가 헤롯의 의도에, 그리고 그대들의 말에 이렇게 응답하지요. 그대들이 헤롯의 의도를 내게 전했으니, 내 말도 헤롯에게 전하세요.

"교활한 여우 같은 헤롯, 당신이 어떤 계획을 하고 있든 나는 아랑곳하지 않소. 나는 오늘도 내일도 내게 주어진 내 길을 그저 걸어갈 것이오. 사람을 괴롭히는 악한 영을 쫓아낼 것이고, 병을 치료할 것이오. 그리고 삼 일째 되는 날, 곧 내 길이 다 마치는 그날에서야 일을 중단할 것이오. 바리새파 그대들, 간교하게 헤롯의 이름을 팔아 나를 겁주려 하지만 나는 겁먹지 않소."

- 누가복음 13:31-33

201

부자와 나사로의 엇갈리는 운명 1

어떤 부자가 있었습니다. 그는 구하기 어려운 화려한 자주색 옷을 입고, 부드럽기 비할 데 없는 고급 아마포 옷을 입었지요. 그뿐이겠습니까? 날마다 삶을 즐기는 데에 돈을 아끼지 않았지요. 한편 그와는 완전히 다른 처지에 놓인 한 사람이 있었습니다. '하느님이 도우셨다'라는 이름 뜻을 가진 나사로였습니다. 이 둘의 상황은 완전히 다르지만, 무슨 일인지 그는 그 부잣집 대문 앞에 버려졌습니다. 온몸이 부스럼투성이였는데, 아마 돌볼 사람이 없었던 모양입니다. 이름 뜻과 참 어울리지 않는 듯 보입니다. 누군가는 부자로, 누군가는 너무나 어렵게 이 땅에서 살아갑니다. 왜 그런지는 그 이유를 누가 알겠습니까. 다만 부자로 살아가는 사람은 자신의 삶이 자신의 성취 결과라고 허황되게 생각해서는 안 됩니다. 어렵게 살아가는 사람은 자신에게 닥친 불행이 자신의 죄 때문이라며 자책과 자기혐오에 빠져서도 안 되지요.

- 누가복음 16:19-26

202

부자와 나사로의 엇갈리는 운명 2

나사로는 부자가 먹다가 버린 것을 찾을 정도로 배를 곯고 있었어요. 그런데 부자는 그와 엮이기를 꺼렸고, 나사로는 좀처럼 허기를 달랠 길이 없었지요. 그를 돌보는 사람은 없었고, 다만 떠돌이 개들이 자기들과 다를 바 없이 보였는지 그의 곁에 와서 몸에 난 부스럼을 핥아 주었습니다. 하느님이 떠돌이 개들을 보내 그를 위로하셨던 것일까요?

그러나 그의 이야기는 여기서 끝나지 않습니다. 그렇습니다. 몸이 죽는다고 누군가의 삶의 이야기가 끝나는 것이 아니지요. 누구나 다 그렇습니다.

- 누가복음 16:19-26

203

부자와 나사로의 엇갈리는 운명 3

나사로는 숨을 거두었고, 그를 위한 장례식도 없었지만 천사들은 그를 아브라함의 품으로 데려갔지요. 그 품에서는 고통도 배고픔도 없고 오직 자유와 행복이 있었습니다. 한편, 사는 동안 원 없이 삶을 즐긴 그 부자도 죽었습니다. 거대한 장례식이 치러졌고 그는 잘 매장되었습니다. 모든 사람이 그가 살아 있을 때 잘 살았고, 그 마무리도 잘 되었다고 그를 부러워했지요. 하지만 그는 죽은 자들의 공간인 하데스에 갔습니다.

같은 시대 가까운 공간에 살았지만 한 사람은 부자로, 한 사람은 고통 중에 살았지요. 완전히 다른 삶이었어요. 그러나 둘 다 피할 수 없는 것이 있지요. 바로 모두 죽는다는 것입니다. 부자는 죽음 이후를 생각했을까요? 나사로는 어땠을까요?

여러분은 지금 삶의 형편에 만족스러운가요? 혹시 죽음이라는 피할 수 없는 운명에 대해서도 종종 생각하시나요?

- 누가복음 16:19-26

204
부자와 나사로의 엇갈리는 운명 4

부자는 살아 있을 때와 달리 하데스에서 참을 수 없는 고통을 당했습니다. 그러다가 저 멀리 아브라함이 있는 것을 보았습니다. 자기 집 대문 앞에 있던 나사로가 그분 품에 안겨 있는 것이 아니겠습니까! 부자는 소리치며 말했습니다.

"아브라함 할아버지! 저를 불쌍히 여겨주세요. 우리 집 대문 앞에 있던 나사로를 보내주세요. 여기에는 물이 넉넉하지 않아 몹시 갈증이 나니 그가 여기 올 때 손가락 끝에 물방울이라도 가지고 오도록 해주세요. 나사로가 우리 집 대문 앞에서 허기를 채우기도 했으니 그도 기꺼이 그렇게 하려고 할 겁니다. 불이 너무 뜨겁고 괴로움이 심합니다. 무엇보다 물이 너무 마시고 싶어요."

이에 아브라함은 이렇게 대답했습니다.

"내 후손이구나. 그런데 애야, 한번 기억해보자. 너는 살았을 때 네 몫의 좋은 것을 다 받았단다. 그런데 그것으로 네 삶을 즐기는 데에 쓰고, 인색한 마음으로 네 대문 앞에 있는 나사로를 못 본 척하지 않았니? 나사로는 살아 있을 때 나쁜 것을 다 받았고, 이제 여기서는 그에게 주어진 좋은 것으로 위로를 받고 있단다. 네 몫의 괴로움을 네가 아니면 누가 당하겠니? 너는 나사로에게 도움을 청하지만, 우리와 너희 사이에 크게 벌어진 이 깊은 틈은 네가 생전에 벌렸던 틈이지 않니? 너는 생전에 나사로에게 가려고 하지 않았고 나사로가 네게 다가오지도 못하게 하지 않았니? 그 틈이 지금 여기에 그대로 놓여 있구나. 서로 왕래가 안 된단다. 네가 만든 그 틈이란다."

- 누가복음 16:19-26

205
위로부터 새로 태어난다는 것 1

유대아 사람들의 지도자 니고데모, 그대가 밤에 내게 왔군요. 밤에 오는 것은 그대들 관습에 따라 배우기 좋은 시간을 잡은 것인가요? 아니면 그대가 내게 오는 것을 사람들이 보지 못하도록 숨기기 위해서인가요? 어느 쪽이든 좋습니다. 그대는 내게 나아옵니다. 무엇인가를 얻기 위해 그대는 움직입니다. 그것이 중요하지요.

- 요한복음 3:1-5, 8

206

위로부터 새로 태어난다는 것 2

니고데모, 그대는 말합니다.
"선생님은 하느님에게서 오신 분입니다."
그렇습니다. 나는 하느님으로부터 왔습니다.
또 그대는 말합니다.
"선생님이 일으키는 이런 기적들은 하느님이 함께하시지 않으면 아무도 할 수 없기 때문입니다."

그렇지요. 그러나 내가 마음을 다해 그대에게 말합니다.
그대는 내 기적을 보았다고 하지만 그것이
그대의 삶을 저 깊은 곳에서부터 바꾸어놓을 수는 없습니다.
특별한 일의 충격도 점차 줄어들기 마련이고,
그러면 이전으로 돌아가버리고 말기 때문입니다.
그러니 기적에 머물지 말고, 기적을 발판 삼아 내게 오세요.

- 요한복음 3:1-5, 8

207
위로부터 새로 태어난다는 것 3

진정으로 살고 싶다면 기적이 주는 충격에 머물지 말고,
하느님의 도움을 받아 완전히 다시 태어나야 합니다.
삶의 방향을 돌이키려고 결단하고
느닷없이 찾아오는 하느님의 영이 그대를 깨우칠 때에야
새 삶을 살 수 있지요.

참 신비한 일입니다.
바람은 불고 싶은 곳에서 불어오고,
그대는 그 소리를 듣지만
그 바람이 어디서 오고 어디로 가는지 알지 못하지요.

하느님의 영이 일깨우는 사람은 이와 같지요.
그에게 어떻게 그런 일이 생기는지 알 수 없습니다.
그러나 그런 일은 반드시 있지요.
느닷없이 바람이 불어 모든 것을 바꾸는 일은
놀랍고 신비한 일입니다.

- 요한복음 3:1-5, 8

208

사마리아 여인과의 대화 1

해가 뜨거운 한낮, 아무도 우물로 나오지 않으려는 그때 그대가 물을 길으러 나왔지요. 나는 목이 말라 그대에게 마실 것을 달라고 요청했습니다. 그랬더니 그대는 내게 말했지요.
"선생님은 유대아 남자인데 제게 호의를 베풀어달라고 한다고요? 유대아 사람들은 우리 사마리아 사람들을 저급하다며 혐오하고 경멸하지 않았나요? 게다가 남자들은 여자들을 동급의 사람으로 보지도 않잖아요? 저는 사마리아 여자예요. 체면도 차리지 않고 염치도 없으시네요."
하여 내가 그대에게 이렇게 대답하려 합니다. 하느님의 선물이 그대 앞에 있습니다. 내가 유대아 남자지만 목이 마르니 인종도 성별도, 사회적 관습도 따지지 않고 그대에게 물을 달라고 했습니다. 그러니 그대도 내게 그렇게 해도 됩니다.

그대 앞에 서 있는 나는

우물과 같은 저장된 물이 아니라

샘물을 줄 수 있습니다.

내게 달라고 하세요.

그러면 깊은 갈증을 가시게 해줄 생명의 물을 주겠습니다.

- 요한복음 4:7-24

209

사마리아 여인과의 대화 2

내가 그대에게 샘물을 주겠다고 하자, 그대는 이렇게 되묻습니다.
"두레박도 없고 우물이 깊은데, 어떻게 물을 얻을 수 있습니까?"
그러면서 이 우물이 우리 조상 야곱의 우물이며, 그의 자손과 가축들까지도 이곳에서 물을 마셨다고 말하네요. 야곱과 그 우물을 드높이며, 내가 야곱보다 더 큰사람이냐며 실소하듯 묻습니다.

맞습니다. 지금까지 갈증을 달래는 방법은 야곱의 우물이었지요.
그러나 묻겠습니다.
이 물을 마시고 갈증이 완전히 해결되었습니까?
아니면 다시 목말라 이곳을 찾지 않았습니까?

내 말을 깊이 새기십시오.
내가 주는 물을 마시면 다시는 목마르지 않습니다.
내가 주는 물은 그 사람 안에서 스스로 솟아나는 우물이 되어,
영원한 생명을 누리게 하는, 넘쳐흐르는 샘물이 됩니다.

- 요한복음 4:7-24

210

사마리아 여인과의 대화 3

이제야 그대가 내게 이 물을 달라고 하는군요. 다시는 목마르지 않게, 또 이곳까지 물을 찾아오지 않도록 말이지요. 사마리아 여인인 그대가 유대아 남자인 내게 그런 요청을 하게 된 것은 처음과는 크게 달라진 모습입니다. 참으로 좋은 변화이지요.
그러나 아직 그대는 내 말의 뜻을 짚어내지 못했습니다. 사람들의 눈길을 피하기 위해 한낮 뜨거운 시간에 갈증을 해결하기 위해 우물가로 나온 그대, 나는 그대 안의 깊은 곳에 있는 갈증을 해결해주려고 합니다.

내가 주는 물은 잠시의 목마름을 달래는 것이 아닙니다. 그대 삶의 가장 깊은 곳, 그대조차 외면했던 갈증을 풀어주는 물이지요. 지금 내가 말하는 것은 바로 그 갈증에 관한 것입니다.

- 요한복음 4:7-24

| 211

사마리아 여인과의 대화 4

그대의 깊은 갈증에 관해 말해보겠습니다. 그대도 다른 아내들처럼 남편을 '주인'이라고 부르지요. 그대의 남편을 보고 싶습니다. 그대의 남편을 불러주세요. 그대는 남편이 없다고 말하는군요. 맞는 말입니다. 그대에게는 사실 남편이 다섯 명이 있었지요. 그런데 지금 같이 살고 있는 남편도 그대의 남편은 아니지요. 그대는 이제 내가 그대의 처지를 알아보았다고 나를 예언자로 부르는군요. 그러니 다시 한번 요청합니다. 그대 마음 깊은 곳의 갈증을 직시하세요. 그대의 갈증은 무엇인가요?

- 요한복음 4:7-24

212

사마리아 여인과의 대화 5

그대는 말합니다. 어디서 하느님을 뵐 수 있는지를. 사마리아 사람들은 그리심산에 신전을 만들고 거기서 하느님을 뵙고자 했지요. 유대아 사람들은 예루살렘에서 신전을 만들고 하느님을 뵙고자 했고요. 그대는 그대 안에 있는 깊은 열망, 곧 하느님을 만나고자 합니다.

잊지 마세요.
그대 안의 깊은 갈증은 바로 하느님을 향하고 있습니다.
하느님은 어느 곳에도 계시지 않으면서
동시에 어디에나 계십니다.

하느님을 만날 때가 오는데,
지금 내가 그대 앞에 서 있는 이 순간이 바로 그때입니다.
하느님을 뵙고자 한다면,
그분과 만나는 데 합당한 자세와 태도가 필요합니다.

그분은 자유로운 영이십니다.
그러니 그분을 만나려면
진리와 자유로운 영으로 만나야 합니다.
위대한 조상을 통해서가 아니라
진리와 바람처럼 자유로운 영을 따라서요.

- 요한복음 4:7-24

213

생명의 빵

가난한 사람들이 먹는 보리빵 다섯 개와 작은 물고기 두 마리로 남자 어른만 5,000명이 먹는 기적을 보고 그대들은 걷고 걸어서 기어코 나를 찾아냈습니다. 그리고 내게 언제 여기로 왔는지 묻는군요.

내가 마음을 다해 말합니다.
그대들은 무엇을 찾으러 내게 왔나요?
배부르도록 빵을 먹고도, 다시 빵을 먹고자 왔나요?
그 기적이 무엇을 나타내는지 그 의미를 찾았나요?
슬프게도 그대들은 배부르게 먹었기에 왔습니다.

그대들은 결국에는 썩어 없어지는 음식을 찾아다니느라 애를 쓰지 마세요.
영원한 생명을 주는 음식을 간절히 찾아다니세요.
내가 바로 하늘에서 내려온 영원한 생명을 누리게 하는 빵입니다.

나를 먹으면 영원한 생명을 얻습니다.

내 살을 꼭꼭 씹어 드세요.

세상을 살리기 위해 아낌없이 내어주는 빵입니다.

내 말을, 내 행동을,

내 마음을, 내 의지를, 내 생각을

꼭꼭 씹어 드세요.

- 요한복음 6:22-27, 51

214

삶에 힘을 주는 음식

그대들이 음식을 가져와 내게 잡수시라 권하는군요. 고맙습니다. 그런데 내게는 그대들이 권하는 음식 말고 더 좋은 음식이 있습니다. 그대들이 알 수 있을지 모르겠네요. 사람에게 힘을 내게 하는 것이 음식이라면 삶의 목적과 이유, 의미와 보람, 희망과 기대를 주는 것이야말로 참음식이겠지요? 내게 그런 음식이 이미 있습니다. 그 음식은 하느님의 거룩한 뜻을 실행하고 그 일을 마무리해가는 겁니다. 거기서 힘을 얻습니다. 여러분도 그런 음식을 발견하면 좋을 겁니다.

- 요한복음 4:32, 34

215

사랑으로 묶인 관계 1

이제 내가 아버지에게 갈 때가 되었습니다.
하느님에게서 왔다가 하느님께로 돌아갑니다.
우리가 비스듬히 누워서 먹으니 관례대로 발을 씻어야겠지요.

내가 여러분의 발을 씻겠습니다.
겉옷은 발을 씻는 종에게는 번거로운 것이니 벗고, 수건으로 안쪽 옷을 둘러야겠지요. 물을 담은 대야를 가지고 왔습니다.
이제 나를 선생님이라고 부르는 내 제자들, 한 명씩 앞으로 나오세요. 발을 씻고, 수건으로 발을 닦아주겠습니다.

잘 기억하세요.
선생이 제자들을 위해 이렇게 합니다.
여러분도 서로 몸을 낮추고 서로를 사랑으로 섬기세요.

- 요한복음 13:1-8

사랑으로 묶인 관계 2

시몬 베드로 그대가 "주님, 주님께서 저의 발을 씻어주시다니요! 그럴 수 없습니다"라며 거절하는군요. 그 마음 잘 압니다. 어떻게 선생이 제자들의 발을, 종이 주인의 발을 씻기듯 하냐는 것이지요. 그러나 그대는 내가 하는 일의 뜻을 잘 알지 못하는 겁니다. 베드로 잘 알아두세요. 내가 그대를 씻어주지 않으면, 다시 말해 내가 몸과 마음을 낮춰 그대를 구체적인 행동으로 사랑하지 않으면 그대와 내가 아무 상관이 없는 거지요. 선생과 제자가 진리로 묶인다지만 진실로 둘을 묶는 것은 사랑입니다. 사랑으로 묶인 관계가 아니라면 모두 무의미할 뿐입니다.

- 요한복음 13:1-8

217

사랑으로 묶인 관계 3

내가 종이 주인에게 하듯 여러분의 발을 씻었습니다. 내가 한 이 일이 무슨 뜻인지 아나요? 그대들은 나를 선생님, 주님이라고 부르지요. 내가 그대들을 가르치고, 그대들의 삶에 큰 영향을 주었으니 그렇게 부르는 것이 틀리지 않지요.

내가 주인으로, 또 선생으로 손수 여러분의 발을 씻겼다는 것을 잘 기억하세요. 선생이 제자처럼, 주인이 종처럼 제자와 종을 섬겼다면 여러분도 서로 그렇게 해야 합니다. 그것이 사랑으로 묶인 관계이지요.

이 세상은 위와 아래의 위계질서를 만드는 데에 여념이 없지요. 여러분은 그렇게 해서는 안 됩니다. 사랑은 위와 아래가 아니라 '서로가 서로에게'의 관계이지요.

그렇게 사세요. 그것이 복이 가득한 삶입니다.

- 요한복음 13:12-17

218

사랑으로 묶인 관계 4

내가 사랑하는 그대들과 함께 있을 시간이 남았을 때, 내가 가는 곳으로 그대들이 올 수 없으니, 오래되었지만 언제나 새롭기만 한 계명을 여러분에게 간절하게 말하려 합니다.

서로 사랑하세요!
내가 그대들을 사랑한 것처럼 사랑하세요.
사랑을 받기만 하면 사랑이 무엇인지 모릅니다.
내가 사랑한 것을 기억하고 그대들도 서로 사랑하세요.
서로 사랑하면, 그래서 그대들 사이에 사랑이 가득하면
사람들이 알아챌 겁니다.
"그 사람들은 사랑으로 가득한 사람들이고, 예수의 제자들이다."

- 요한복음 13:33

219

지배를 받지 않는 길

이제 여러분과 더 많은 말을 나누지 않아도 될 듯합니다.
이 세상을 지배하는 자가 이리로 오고 있습니다.
그가 이 세상을 지배한다고 하더라도
나는 그의 지배를 받지 않습니다.
이 세상의 것을 탐하지 않기 때문이지요.

돈을 탐하지 않으면 돈으로 유혹할 수도,
굴복시킬 수도 없습니다.
무서운 것이 없으면 권력을 욕망하지 않습니다.
하느님과 더불어 충족하면
사람들이 주는 명예에 흥미가 없지요.
따라서 진리를 사랑하는 사람, 곧 하느님을 사랑하는 사람은
이 세상의 권력자의 지배를 받지 않습니다.

- 요한복음 14:30-31

220

고통이 변하여 기쁨으로

내가 마음을 다해 그대들에게 말합니다.
여러분이 슬퍼서 울 때 세상은 기뻐 환호할 겁니다.
그대들이 쓰러져서 괴로워할 때 세상은 춤을 출 겁니다.
그러나 그대들의 괴로움이 바뀌어 기쁨이 됩니다!
여인이 아이를 낳을 때 그것만큼 큰 고통이 없지요.
진통이 얼마나 큽니까.
그러나 아이를 낳으면 그 고통은 기억이 나지 않고
오로지 태어난 아이 때문에 기뻐하지요.

내가 여러분을 떠나게 되니
여러분은 더할 나위 없는 슬픔에 괴로워할 겁니다.
그러나 기다리십시오.
다시 살아난 내가 그대들에게 찾아갈 겁니다.

그때 그대들은 고통을 잊고 크게 기뻐할 겁니다.

그 부활의 기쁨을 누가 빼앗아갈 수 있을까요.

죽음도 두려워하지 않는 사람의 기쁨을 누가 앗아갈 수 있을까요.

그날에는 그대들이 내게 아무것도 물어보지 않을 겁니다.

사랑의 승리, 부활의 능력을 알게 되니까요.

- 요한복음 16:20-23

221

영원한 생명

영원한 생명은 아주 오랫동안 살아 있는 것을 뜻하지 않습니다.
영원은 시간을 무한정 늘려놓은 것이 아니라
시간을 초월한 겁니다.

그러니 영원한 생명이란
끝이 나지 않는 시간 동안 계속 사는 것이 아니라
시간을 넘어선 영원 속에서 아주 깊이 존재하는 것이지요.
그렇게 존재한다는 것은 홀로 존재하는 것이 아니라
관계로서 존재합니다.
곧 우주의 근원인 하느님과 하나 되는 체험이지요.
그 체험은 시간 저 건너편에 있습니다.
가장 나답게 존재하는 것이지요.

그것은 하느님과 만나서 하나 되는 데에 있습니다.
또 예수 그리스도를 만나고 함께하며 하나가 되는 것이지요.
하느님과 그분의 아들을 그렇게 깊이 '아는 것',
그것이 영원한 생명입니다.

- 요한복음 17:3

222

실패가 아니다 다 이루었다

이제 마지막 숨을 내쉴 때가 되었습니다.
목이 마릅니다.
그대들을 사랑해서, 하느님을 사랑해서
애가 탔고 목이 마릅니다.
목이 마르다는 소리에 시어진 포도주를 내게 주는군요.
그것도 고맙습니다. 기쁘게 마시겠습니다.
하느님의 뜻을 다 이루기 위해,
마른 목을 축이는 이 포도주도 감사히 여기겠습니다.

이제 다 이루었습니다.
내가 마지막 숨을 내쉰다 해도
실패가 아니고 끝이 아닙니다.
십자가 위에서 마지막 숨을 내쉽니다.

사랑했고 사랑받았으니
남은 것은 사랑뿐입니다.

- 요한복음 19:28

223

삶의 행방에 관하여

내가 마음을 다해 그대 베드로에게 말합니다. 그대가 젊었을 때는 준비하고 계획해서 원하는 바를 이루려고 열심히 돌아다녔지요. 그런데 나이가 들고 때가 되면 인생이 그렇게 되는 것이 아니라는 것을 알게 됩니다. 그대는 그대 삶을 사로잡은 그것, 곧 진리와 사랑에 자발적으로 그대 자신을 묶었지요. 인생은 무엇인가에 묶이는 거지요. 사람들은 그렇게 묶인 그대를 그들이 원하는 곳으로 데리고 갑니다. 그곳은 그대가 원하는 곳이 아닐 겁니다. 죽음이 기다리는 곳일 수도 있습니다.

그러나 그대도 잘 압니다. 그렇게 진리와 사랑에 묶여서 목숨을 내놓을 수밖에 없을 때 그것이 죽음으로 끝나지 않는다는 것을요. 그것은 하느님에게 영광을 돌리는 순간이 될 겁니다. 그렇게 영광을 돌리는 그대의 삶도 영광스럽게 되지요. 아이러니입니다. 원하는 대로 준비하고 계획해서 살 때가 아니라 진리와 사랑에 매여서 원하지 않는 곳에 가게 될 때, 심지어 그곳에서 삶이 끝날 때 삶에 영광이 깃드니까요.

- 요한복음 21:18-19

224

자신의 삶을 돌보라

베드로, 그대는 내가 사랑하는 그 제자가 나를 따라오는 것을 보고 내게 "주님, 이 사람에게는 무슨 일이 있겠습니까?"라고 묻는군요.

그 사람은 죽지 않을 것이라는 소문을 듣고 그대가 이 질문을 하는 모양이네요. 그 사람의 운명이 궁금한가요? 내가 지금 그대 앞에 있어요. 모든 마음을 쏟아야 할 것은, 바로 내 앞에 있는 그대가 물어야 할 것은 다른 사람의 운명이 아닙니다. 내 앞에서 그대는 바로 그대 자신의 삶에 관해서 물어야 해요.

그 사람이 어떻게 되든 그대는 나를 따르세요. 바로 내 앞에서 선 다른 누구도 아닌 바로 그대 자신을 가장 깊이 들여다보세요.

- 요한복음 21:20-23

225

예수의 평화

내가 그대들 곁에 머물러 있을 동안에는 내게 묻고 내 대답을 들을 수 있지요. 내가 떠날 때가 곧 다가오지만 걱정하지 마세요. 아버지께서 나를 기억나게 하고 나와 항상 함께 있도록 돕는 영을 보내주실 겁니다. 그분이 내가 전한 모든 말을 기억나게 하시고, 그대들에게 가르쳐주실 것입니다.

나는 떠나지만, 여러분에게 평화를 남겨줍니다. 내가 누리는 평화, 곧 어떤 것에도 흔들리지 않고 절망하지 않고 언제나 굳세게 하느님의 뜻을 따르도록 하는 평화를 유산처럼 남겨 둡니다. 지금 로마 제국은 로마의 평화(Pax Romana)를 말하지요. 자신들의 통치가 제국에 질서와 안정을 가져왔다고요. 그러나 그 평화는 힘으로 다른 사람들을 짓누르고 입을 틀어막아 이룬 것입니다. 내가 그대들에게 남겨주는 평화는 그런 것이 아닙니다. 진리와 사랑으로 이루어지는 평화입니다. 이 평화를 그대들에게 줍니다.

- 요한복음 14:25-27

예수가 산 위에 올라가 핍절한 사람들에게
철학자처럼 통치자처럼 살아가라고 격려한다.
예수는 새로운 세상은 그저 오지 않는다고 가르친다.

/

카를 하인리히 블로흐, 〈산상수훈〉
1877, 캔버스에 유채, 101×133cm, 프리드릭스보르 성 국립역사박물관

성전에 모인 당시 지식인들 가운데서
어린 예수가 지혜롭게 질문하고 대답하는 장면은,
예수의 신적 소명과 어린 시절의 깊은 지혜 및 영성을 보여준다.
당시에 저런 형태의 책은 존재하지 않았다.
그러나 책을 손에 들고 펼치거나 종이를 끼워 넣어
생생한 토론의 장면을 상상하게 한다.

/

알브레히트 뒤러, 〈성전에서의 예수〉

1506, 캔버스에 유채, 65×80cm, 프라도 미술관